La Syrie

Berceau de l'Humanité depuis l'antiquité jusqu'à la crise

Avec Résumé de l'Histoire à longue-durée de la Syrie

La traduction de l'Allemand en Français de cet ouvrage a été faite par Madame Mélanie Achab-Petermann de Root, qui habite aujourd'hui à Zurich en Suisse. Elle a dédié ce travail en mémoire à son défunt mari, le Professeur Dr. math. et Dr. dipl.ing ETH Moutaweh Achab (Al-Ash'hab) – né 1924 en Syrie, mort à Damas 2009. Il était Prof. à la Faculté de Mécanique Section Electronique à l'Université de Damas, depuis 1967 à 2003.

La Syrie
Berceau de l'Humanité depuis l'antiquité jusqu'à la crise
Avec Résumé de l'Histoire à longue-durée de la Syrie

– 1. Auflage – 2017
ISBN 978-3-939710-29-5

Theorie und Praxis Verlag
Goldbachstr. 2
D 22765 Hamburg

Tel: 040 – 38613849
info@tup-verlag.com

Contenu

(1)

Introduction
Pourquoi ce Livre ?

La Syrie est un des plus anciens pays durablement habité de la Terre. Ses villes furent l'origine de la fondation de la « Révolution Urbaine ». Sa culture est un élément fondamental de la civilisation du monde. Apres l'Egypte et l'Irak, la Syrie a procuré au monde la troisième langue écrite, des plus anciennes. À partir de Ra's as-Shamra (Ugarite), l'alphabet s'est répandu vers l'Europe. Les langues de la Syrie ont profondément marqué les langues universelles. Déjà, depuis plusieurs millénaires, le peuple de Syrie avait établi une culture de très haut niveau, par laquelle il a largement contribué à la construction de la civilisation mondiale. Dans l'ensemble, il écrivit une Histoire de paix et d'amitié entre les peuples.

L'histoire de la Syrie est l'Histoire universelle. Depuis toujours, la Syrie fut le point central des événements du monde. A partir de son territoire, sa culture se répandit vers l'Ancien-Orient, et ensuite, de l'Orient vers le monde entier. Déjà très tôt, se formait une alliance syro-égyptienne que l'on n'oserait séparer de l'Histoire de l'une ou de l'autre. Ces deux peuples avaient partagé mutuellement joies et misères. Cette alliance devenait une nécessité historique lors des confrontations avec l'Imperium Romanum, avec Byzance et avec l'Empire des Ottomans. – La Syrie moderne impressionne par sa richesse et la diversité de sa culture.

La réalité de la Société multiculturelle de la Syrie et son progrès technoscientifique ne sont guère mentionnés, ni présentés adéquatement dans la presse de langues étrangères. En langue allemande, il n'existe pas, non plus, d'œuvre complètes sur la Syrie qui pourraient satisfaire des lecteurs exigeants.

Depuis Février 2011, nous sommes des témoins à vue d'une Syrie lourdement réprimée et déchirée par les émeutes dont les causes sont interprétées très différemment. Les media de l'Ouest sciemment brouillent leur rapports sur les événements en Syrie.

Il existe donc un grand besoin de clarification et de révélation des arrière-pensées et des contextes liés à ces événements.

À plusieurs reprises, le désir a été exprimé à l'auteur de remédier, par l'information et par une analyse objective, au manque de clarté sur la Syrie. Je tiens à remplir mon engagement par cet ouvrage.

Dans cette monographie, des standards d'objectivité devaient être respectés, par contre, elle devait rester généralement compréhensible. Son but étant de promouvoir le savoir sur la Syrie et de l'appréciation de sa glorieuse Histoire et Culture. Tout en expliquant, de manière transparente, le pourquoi de sa crise actuelle, son arrière-sens et ses causes.

(2)

La Syrie – Un berceau de l'Humanité

La Syrie historique s'étendait des Côtes-Est de la Mer Méditerranée, et du Levant jusqu'à l'Euphrates. Cette région fut déjà très tôt une destination attrayante pour les premières générations de l'humanité. C'est là, où habitaient et vivaient les humains qui se sont alors étendus vers l'Est et le Nord, en emportant avec eux la richesse de leur culture. La Syrie fait partie des pays ayant une haute culture et qui se sont dotés très tôt d'une linguistique codifiée et ont mis au point une langue écrite. La contribution de la Syrie à la formation d'autres langues n'est donc pas négligeable. Ce fait avéré expliquerait le phénomène linguistique historiquement intéressant, que nous ne possédons pas dans d'autres familles de langues, des phases depuis sa genèse jusqu'au stade d'une langue mûre et développée. Comme exemples soient mentionnées les langues soi-disant « indo-européennes » que nous ne connaissons que dans leur phases mûres et développées, ce qui signifierait qu'une langue déjà avancée dans son développement ait été copiée ou appropriée.

Il est également à rappeler que les expressions comme « Aram », Syrie et autres, ne soient utilisées dans cet œuvre que dans leur contexte historique. Il s'agit là de sociétés primitives de l'humanité de bien avant la constitution d'états nationaux. Aram, c.à d. la Syrie, ne formait pas encore de frontières avec l'Irak, le Liban, l'Anatolie et avec l'Arabie. Les quatre fleuves du paradis, mentionnés dans la Genèse 1-2, reliaient la Mésopotamie avec la Syrie.

(3)

L'Anthroposocio-Genèse

Sur la terre d'Aram, respectivement de la Syrie, se déroulèrent d'importants chapitres de l'Anthropo-genèse et de l'Anthroposocio-genèse. Déjà durant les deux derniers millions d'années de l'Anthroposocio-genèse, la Syrie fut une attraction pour les humains: climat modéré (tempéré), diversité naturelle, la richesse en eau et la fertilité de la terre firent de la Syrie un espace de vie de prédilection. Les hommes furent très attirés par les contrées de la région à l'Est de la Mer méditerranée et aimaient y vivre. Même avant la Révolution agraire ils pouvaient devenir sédentaires et s'y établir durablement.

Très tôt, des archétypes d'une syntaxe selon les règles de l'art se développèrent içi-même.
Le métier d'artisan et la fabrication d'outils furent à un haut niveau comparés avec d'autres productions contemporaines de l'époque.

Par l'expression du terme « Anthroposocio-genèse » nous voulons rendre en évidence de fait une terminologie qui se différencie de la nomenclature de la biologie. L'homme est un être historique et non biologique. A partir de la Syrie, des humains parfaitement évolués s'émigrent vers l'Asie, et ultérieurement vers l'Europe, en emportant avec eux d'importants outils ultra-perfectionnés.

Ra's-as-Shamra (Ugarite)
L'évolution de l'alphabet fut une condition primordiale pour l'épanouissement de la langue écrite. La Syrie y apporta une contribution considérable. Ra's-as-Shamra (Ugarite) fut un centre d'érudition et de réalisations créatrices. C'est également à Ra's-as-Shamra que fut crée la langue Akkadienne, le troisième système alphabétique écrit après les hiéroglyphes égyptiens et l'écriture cunéiforme irakienne, système duquel se développèrent l'Araméen et le vieux Syriaque.

(4)

La Syrie biblique depuis le Patriarche Abraham jusqu'à l'Apôtre Paul

Deux des plus importantes personnalités de l'Histoire biblique eurent une relation vitale avec la Syrie. Le voyage de vie d'Abraham le conduisit depuis Ur, au Nord de l'Irak, à travers la Syrie, vers le Sud en traversant le Horan syrien, puis à travers la Péninsule du Sinaï jusqu'à l'Egypte, pour finalement retourner à pied depuis l'Egypte, via l'Arabie jusqu'au Hidjaz et La Mecque, comme dernier tronçon de sa randonnée. La construction de la Ka'aba à La Mecque est due (attribuée) à Abraham. La Mecque devenait le terminal de son voyage - telle est la transmission traditionnelle, orale, de générations en générations. Encore aujourd'hui, des traditions locales nous rappellent les séjours d'Abraham et de sa famille. Le peuple au Sud-Ouest de la Syrie (au Horan) se vante du dicton, selon lequel Abraham ait passé à travers leur région.

De surcroît, l'intérieur syrien est parsemé de riches monuments et mémoriaux, où ont eu lieu des événements historiquement importants, d'il y a des millénaires et des millénaires d'années, et qui sont encore aujourd'hui célébrés avec vivacité.

Il y avait souvent des discussions sur la localisation exacte de la terre d'où « le lait et le miel » coulèrent. Selon mon propre opinion, il s'agirait-là du Liban, un nom qui indiquerait une richesse en lait, mais également en neige. Dans l'Histoire, le Liban était depuis toujours une intégrale partie de la Syrie.

(5)

Aram et l'Empire Araméen

L'entité politique de la Syrie protohistorique fut Aram qui comprit des territoires beaucoup plus vastes que la Syrie actuelle. Dans l'antiquité Aram fut, après l'Egypte, la plus grande entité étatique organisée politiquement. Elle portait le nom « Aram ». C'est pour cette raison qu'elle a été mentionnée dans la Bible sous ce nom. Aram comprenait toute la région à l'Est de la Mer méditerranée jusqu'au Tigris supérieur inclus, en plus de l'Anatolie et de l'Arabie du Nord. A son apogée, l'empire araméen inclut également la Perse. Dans l'ensemble historique, Aram entretenait avec l'Egypte des relations de bon voisinage et amicales. L'échange culturel et économique était intense. Il n'était pas rare, que par des mariages intercommunautaires, c.à d. par des mariages entre tribus de différentes origines, les peuples se sont intégrés à des communautés plus grandes.

La langue araméenne de l'empire d'Aram est une des langues classiques des plus importantes. Il s'agit d'une écriture alpha- bétique à 22 lettres, une partie desquelles expriment deux différentes voyelles. La langue araméenne est fortement parente avec la langue arabe. Elle peut être considérée comme une phase de développement de la langue arabe ou alors comme fille de l'Arabe. Des parties de la Bible, p.ex. le livre « Daniel » sont rédigées en Araméen. Encore aujourd'hui, il existe en Syrie, en Irak et en Anatolie des communes où la langue araméenne est toujours parlée et cultivée.

La langue araméenne de l'Empire est la base du Vieux- Syriaque. Lors de son développement ultérieur, on a abandonné son écriture carrée, avec ses 22 lettres, et remplacé par l'alphabet plus étendu du Vieux-Syriaque. Avec son introduction, le Vieux-Syriaque devint la langue de succession à l'Araméen. Des oeuvres remarquables, et d'une grande valeur dans le domaine de la littérature ont été légués jusqu'à nos temps.

Des produits artisanaux et des textiles araméens démontrent une supériorité par comparaison avec la production inter- nationale de l'époque. L'architecture et l'art de construction survivent des époques entières. De ce prestige témoignent aujourd'hui encore les portails et les murailles de quatre mètres de hauteur de la vieille ville de Damas. Les palais et les parcs araméens sont revêtus d'orthostates en basalte. Les pierres de taille posées dans le sens vertical reposent sur des dalles stables. La couche pierreuse inférieure confirme, entre autres, l'avance dans la statique chez les Araméens. La stabilité des constructions est surprenante. Des découvertes araméennes sont à voir et à admirer dans la Syrie d'aujourd'hui, mais on les rencontre également assez fréquemment dans les pays voisins et sur les îles à l'Est de la Mer méditerranée. De l'espace Nord-syrien araméen proviennent les coupes métalliques décorées de reliefs que l'on trouve également et surtout à Chypre.

De la période des Araméens date également le Temple du Dieu Haddad, que l'on a redédié plus tard comme église à l'Apôtre, Saint Jean-Babtiste. Plus tard encore, sous le Califat de Damas, il fut transformé en la « Mosquée des Omayyades ». Elle existe comme telle encore aujourd'hui dans la vieille ville de Damas, là où s'arrête le Souk el- Hamédieh. Elle est la Mosquée principale de la ville et compte parmi les monuments les plus prisés de Damas.

En Egypte moyenne, on a mis à jour une collection de lettres en langue araméenne du temps d' Echnaton. Les lettres étaient cachetées et non-lues. Les textes font appel au Pharaon et le supplient pour une intervention en Syrie contre une imminente invasion d'agresseurs étrangers. En se basant sur le contenu, et le fait que les lettres ne furent pas transmises au pharaon, on conclut qu'elles aient été interceptées par un agent secret qui voulait empêcher que le pharaon en obtienne connaissance et qu'il n'accède pas à cette requête d'engager des actions militaires correspondantes.

(6)

La Syrie sous la domination des Achaiménides persiques (539 à 333 A.C.)

L'occupation de la Syrie par les Achaiménides, en l'an 539 A.C., rencontra une résistance farouche. Après une longue période d'envolée du Nouvel Empire (araméen) se Montra une faiblesse dans le Pouvoir Central. Après la fin de la 26ème Dynastie, la Perse expansionniste profita du vide de pouvoirs. L'Egypte clairement affaiblie, devint le principal point d'agression des Achaiménides. Memphis se voyant impuissante de garantir la sécurité de l'Empire, il leur fallut un certain temps jusqu'à ce que la résistance fut organisée.

Sous l'Etat-Major du relativement jeune, mais stratégiquement particulièrement doué Alexandre, les forces égypto-loyales purent expulser les Achaiménides de toutes leurs positions à l'Est et au Sud de la Mer méditerranée.

Immédiatement, et comme première priorité stratégique, suivit la libération de la Syrie après la bataille d'Issos. Très vite succéda la bataille de Ghaza qui fut, pour les deux côtés, très importante en pertes. Après la confrontation décisive en Egypte-même, les Achaiménides furent chassés de toutes leurs bastions. Alexandre et ses troupes furent solennellement fêtés. Alexandre se retira ensuite dans l'Oasis Siwa devant le temple principal d'Ammon pour y présenter sa déférence à l'égard du Dieu principal. Contre tout avis erroné, mais très répandu (p.ex. chez Jan Assmann), Alexandre n'arriva jamais à Thèbes, ce qu'il aurait aimé faire très volontiers. Mais, malheureusement, il mourut de la fièvre, d'une manière inattendue, avant d'atteindre son but.

La campagne d'Alexandre le Grand, en l'an 333 A.C., les défaites amères subies par les Achaiménides et leur fuite en dehors des territoires occupés durent amener inévitablement la fin de leurs prétentions au pouvoir en Perse-même.

(7)

La Syrie sous les Séleukides (323-312 A.C.)

Après la mort d'Alexandre en 323 A.C., les territoires conquis par lui furent distribués parmi les Diadochens. L'Egypte fut impartie aux Ptoléméens, la Syrie, l'Irak et l'Iran furent attribués aux Séleukides.

Malgré leur pouvoir à courte durée, les Séleukides purent laisser des traces claires et nettes. Leur héritage témoigne de leur capacité téméraire en constructions de bâtiments, leur audacieuse planification urbaine et leur amour de l'art. Plusieurs villes adoptèrent le nom de Séleukia, une expression qui n'est utilisée aujourd'hui que dans le discours archéologique.

Par contre, les Ptoléméens régnèrent en Egypte jusqu'en l'an 30 A.C. Sous Kléopâtra VII, l'Egypte fut vaincue par Rome dans la bataille de mer d'Actium en l'an 31/32.

Pendant le règne des Séleukides en Syrie et les Ptoléméens en Egypte, la Koïne était utilisée comme langue de l'Adminis- tration et des Sciences. Cette langue fut introduite et cultivée. Dans une grande région mondiale qui s'étendit de l'Afrique du Nord et de l'Egypte jusqu'en Syrie, en Méso- potamie, en Anatolie et en Grèce, la Koïne servit, en tant que langue, à la communication internationale. Elle exerça cette fonction jusqu'à son remplacement par la langue arabe au 7ème siècle de notre ère. Comme exemple soit mentionné l'auteur syrien, Lukian (Lucien), qui vivait environ en 125 à 200.

(8)

Le Royaume des Nabatéens (depuis 312 A.C.)

Déjà en l'an 312, la Syrie fut incorporée dans le règne nabatéen. Les Nabatéens furent une puissante, mais tolérante dynastie qui s'identifia avec le peuple.

Assez souvent, les Romains essayèrent d'étendre leur domination étrangère sur des territoires nabatéens et firent des défaites, l'une après l'autre et durent engager leur fuites lamentables. Quand les Romains pouvaient occuper une position à court terme, ils furent chassés très vite par les Nabatéens. La Syrie fut incorporée dans le règne nabatéen, et alors il y commença une nouvelle période de prospérité.

Les Nabatéens intégrèrent différents petits états et formèrent ainsi une grande communauté d'états populaires unifiés. C'est grâce aux Nabatéens que la langue arabe fut normée linguistiquement. Ainsi, les bases de la classique arabe furent posées. Le fait que Mohammed et le Califat utilisaient la langue arabo- nabatéenne conduisit à sa propagation par l'intermédiaire d'une grande religion mondiale.

En Egypte toutefois, les Ptoléméens se sont acclimatés à leur nouvelle résidence. Ils ont été acceptés d'abord dans le Delta du Nile et soutenus par des parties de la population égyptienne. Par contre, en Egypte supérieure, avec Assyoute (Lykopolis) comme capitale, ils étaient longtemps combattus. Les Ptoléméens s'identifièrent avec l'Egypte. Ils se proclamèrent comme la 31ème Dynastie. L'historien égyptien, Maneto, du premier temps des Ptoléméens, ne reconnut pourtant pas leur dynastie dans les traditions des Pharaons, mais avec leur intégration croissante à la vie égyptienne et avec leur identification avec les intérêts du peuple égyptien, les Ptoléméens firent l'expérience d'une plus large acceptation au bord du Nile et, finalement, furent également classés comme 31ème Dynastie parmi la catégorie des Dynasties Pharaoniques régentes.

(9)

Les premiers temps de la christianisation de la Syrie

La Palestine fut agressée et occupée par les Romains en l'an 66 Déjà. Leur but fut l'extermination physique des premiers Chrétiens dont la doctrine fut ressentie comme un grand danger Menaçant l'existence de Rome. Avec l'occupation de la Palestine En 66 et de l'Egypte en 68, commença la persécution des chrétiens. La communauté primitive des chrétiens dut s'expatrier vers Jérusalem. Après l'invasion des Romains, les disciples et leur commune purent Traverser rapidement le Jourdain et arrivèrent indemnes dans le Territoire souverain des Nabatéens. Les disciples et leur commune Primitive furent ainsi protégés des arrestations par les Romains.

Les régents Nabatéens eux-mêmes ne furent pas des chrétiens, par contre, grâce à leur tolérance, le christianisme put survivre. Les disciples transférèrent leur siège d'El-Qouds (Jérusalem), vers Pella, environ 20 kms à l'Est du Jourdain.
L'historiographie européenne de l'Eglise dissimule ce fait - Une révision de l'Histoire devient nécessaire.
A Pella, à l'Est du Jourdain, les apôtres érigèrent un Centre de l'Eglise d'où la mission universelle put être organisée. C'est à Pella que le premier évangile fut écrit, et à savoir, en langue arabe, comme je l'avais explicitement exposé dans d'autres travaux.[1] L'Administration responsable de l'Histoire ecclésiastique se doit de faire ressortir le fait que l'existence et la propagation du christianisme furent sauvées grâce aux Nabatéens. Eux-mêmes n'étaient pas des chrétiens, et pourtant ce sont eux qui favorisèrent la survie et la propagation de l'église primitive. - Tout juste en dessous de leur résidence à Petra, en vérité nommé Batra, Paul a pu prêcher en tant que missionnaire pendant 14 années, entre autres à Wâdî' Araba (Gal.1, 17-2,1).

Paul qui n'appartenait pas au collège des Douze a choisi Damas comme siège après sa conversion au christianisme (Gal. 1,17). - Il avait commen-

[1] Khella, Karam, Jesus und die Ursprünge des Christentums, Hamburg 2001

cé son activité étendue en tant que missionnaire parmi les Nabatéens dans la région de l'actuelle Jordanie. Parmi eux, il pouvait exercer son importante activité de propagation en pleine liberté et gagner des disciples. Comme il le rapporte lui-même dans l'épître de Galatre, il a pu travailler en tant que missionnaire, entre autres, à Wâdî' Araba pendant 14 années. Ensuite Paul retourna à Damas (Gal.1,17). Après avoir fondé des communes locales en Arabie du Nord (en Jordanie) et en Syrie, qui existent encore aujourd'hui, il voyagea en Anatolie, puis en Grèce et en Macédoine, et plus loin jusqu'à l'Italie et Rome. A Damas, Paul écrivit une partie de son épître qui nous est préservée jusqu'à présent. Elle est devenue une partie intégrale, très importante du N.T.(Nouveau Testament). Depuis la Syrie, la Jordanie et l'Egypte se répandit le christianisme dans le reste du monde. La Syrie actuelle est très fière de sa contribution à cette tradition. La traduction en vieux- Syriaque de la Bible, nommée Bshita (Bsita), sera d'une très grande valeur pour la restauration du texte original. Cette langue est très proche de l'original. Dans les premiers centenaires du christianisme, plusieurs langues étaient au choix des auteurs syriens : l'Araméen, le vieux- Syriaque, l'Arabe et la Koïne. Le travail littéraire et scientifique des auteurs syriens comptent parmi les plus anciennes composantes de la bibliothèque de l'humanité entière. Les œuvres syriens constituent également un élément très important de la littérature universelle.

A plusieurs reprises, l'empire des Romains essaya d'occuper la Syrie, mais ils échouèrent à cause de la résistance d'une extrême fermeté du peuple syrien, ensemble avec les Nabatéens.

(10)

Le Royaume de Tadmor (Palmyre)

Les peuples syrien et arabes formèrent une bastion contre les visées expansionnistes de l'Imperium Romanum. En fait, Rome ne réussissait jamais à tenir pour une longue durée des positions dans cette région. Dans toute la Syrie florissaient la Culture, la Littérature et les Sciences. L'échange avec les états voisins fut intense. Le commerce international se développait. Les routes du commerce international - la route de la soie et la route de l'encens - se croisèrent en Syrie. Ces conditions contribuèrent au fait que dans sa vaste région se constituèrent des Centres de Culture et de l'Economie.

En même temps Todmor (Palmyre) obtint une réputation particulière. La vie économique intense et l'amour pour la Culture de ses princes et princesses ont construit un royaume que pouvait relever un défi avec Rome-même. Les commerçants et le commerce international eurent un grand intérêt à con- tourner la zone d'influence romaine. Ainsi grandit peu à peu l'Oasis d'antan située au point d'intersection et des lieux de transbordements du commerce international. Plusieurs routes de caravanes menèrent à travers Todmor. Les voyageurs des pays lointains purent s'arrêter ici pour de longs séjours et participer, à côté de leurs affaires, à la vie culturelle de Palmyre. Ce Centre de commerce et de culture grandit de façon continue. Sa population était en prédominance arabe et la langue arabe était aussi la langue officielle du Royaume. Pendant le premier siècle après Christ, Todmor a atteint très vite un niveau de vie d'aisance et devenait l'attraction principale pour toute la région et les pays voisins. Elle fut appelée « Palmyre » par des Grecs et des Romains, (qui étaient ici des hôtes fréquents), à cause de sa richesse en palmiers. C'est sous ce nom, que la ville est entrée dans l'Histoire européenne. En parlant de Palmyre, des géographes contemporains l'ont appelée « la perle de la couronne de tout l'Orient ». En 235, Palmyre est devenue un Royaume arabe indépendant. Un des plus éminent régent de Todmor était l'aristocrate Arabe, Udainat, appelé par les Romains Odenatus et par les Grecs Odenathos. Il pouvait, après de longs conflits, en partie militaires avec les Sassanides, libérer le chemin du Golfe arabo-persique pour le commerce des caravanes. A partir de là, les chemins maritimes vers l'Inde et vers l'Asie du Sud-Est

Tadmur. On voit le Temple de Bêl à travers de l`arc central du Tripylons.

étaient ouverts. Le chemin combiné terre-mer était sous la protection du roi de Palmyre. Il établissait la liaison entre les chemins des caravanes de l'Afrique et la route de Malakka et devint ainsi la route la plus importante pour le commerce mondiale. Pour obtenir ce succès économiquement et politiquement important contre Ktésiphon, Udainat devait conclure un pacte avec le Président à Damas qui exerçait les fonctions de président de Syrie, mais qui était formellement sous les ordres de l'Empereur de Rome. Le Royaume de Todmor (Palmyre) jouissait d'un prestige élevé dans tout le monde. Le degré de l'estime que Rome porta envers le roi Udainat se révéla par les titres honorifiques avec lesquels il fut décoré, comme la distinction décernée à son égard de «Corrector totius Orientis », (Défenseur de tout l'Orient). Udainat mourut en toute honorabilité et fut porté à son Mausolée en grande tristesse et avec les sincères compassions internationales. Comme successeurs furent nommés en même temps sa femme, Bat-Zab-

bai, devenue célèbre sous le nom de Zénobia, et son fils, Wahb-Alla (Wahb-Allah), qui n'avait pas encore atteint l'âge de majorité. Zénobia, (267 à 273), reine de Todmor (Palmyre), intelligente et douée pour la gouvernance qui ne fut pas moindre que celle de son feu époux. Elle était politiquement la plus importante personnalité de son époque. Sa célébrité éclipsa même l'Empereur romain. Toutefois, Rome devait l'honorer avec le titre « Augusta ». Tous les états de son époque lui payèrent le respect et l'estime. Le grand prestige des grandes puissances de ce temps-là fut identique avec celui de Todmor. A un exemple s'illustre l'importance de Zénobia dans la politique internationale : Un contemporain de Zénobia était le philosophe Paul de Samosata. Il soutenait une théologie qui considéra Jésus comme un humain qui fut béni d'une force divine et surnaturelle. La doctrine idéologique de Paul fut orientée vers l'anthropologie. En comparaison avec la christologie métaphysique, Paul de Samosata défendait une conception rationnelle du monde. En même temps, Paul occupa une haute fonction ecclésiastique. Depuis 260, il fut évêque d'Antioche. La Métropole syrienne fut un des trois (respectivement quatre) sièges apostoliques. La grande Eglise ne fut donc pas indifférente à l'égard de Paul en ce qui concerne de quelle position théologique que le Patriarche d'Antioche professa. Elle ne put tolérer la doctrine de Paul de Samosata et le con- damna en tant qu'hérétique.

Dans ce grand débat conflictuel de l'église intervint la reine Zénobia de Palmyre. Elle avait appelé l'hérétique à une très haute fonction à Palmyre. En général, Zénobia a réussi à rassembler autour d'elle des sommités en philosophie et des théologiens oppositionnels pour se réunir et pour renforcer sa propre autorité et sa position politique internationale. Elle appela Paul de Samosata à la fonction d'un Dukenarios avec un revenu de 200'000 Sesterziens, (somme comparable aux honoraires d'un président d'état hautement rémunéré du présent). Paul y put être actif politiquement et théologiquement au grand mécontentement du Siège apostolique d'Alexandrie et de Rome.

Le pouvoir politique de Zénobia et sa reconnaissance internationale fut en augmentation permanente. En Europe elle devint également populaire. Ses partisans organisèrent son couronnement en tant qu'Impératrice de Rome. Son entrée dans la capitale de l'Imperium Romanum fut fêtée comme une libération des empereurs réactionnaires uniquement intéressés au maintien du pouvoir politique. De leur côté, ils ne purent supporter cette défaite. Aurélian organisa la contre-révolution. Il arrêta Zénobia et l'a soumise à la torture. Ensuite, il marcha sur Palmyre et l'occupa. Il ravagea Todmor après l'avoir pillée par l'armée romaine.

Avec l'occupation de Palmyre par l'Empereur romain, en l'an 272, Paul de Samosota fut destitué de toutes ses fonctions. Malgré l'invasion, le pillage et la destruction de Tadmur, en 272, le Royaume de Palmyre ne fut pas à la fin des temps. La population, sous la direction de Zénobia, firent la résistance. Les soldats romains prenaient la fuite là où ils le pouvaient. Il fallut aux Romains une année entière pour organiser une nouvelle armée. En 273 seulement, dans une 2ème agression, les Romains avaient rasé Todmor. C'est ainsi que le Royaume indépendant de Tadmur vint à sa fin ; mais la victoire des Romains s'avéra être fallacieuse, parce qu'elle marqua le début d'un long et définitif déclin de l'Imperium Romanum.

Todmor avait pu se maintenir longtemps contre l'Imperium Romanum et contre l'Empire des Sassanides, mais elle n'était pas un cas unique.

(11)

Le préalable de l'Intégration arabo-politique (5ème siècle A.C. jusqu'en 632 après le Christ)

Dans l'espace syrien, anatolien, irakien et sur la Péninsule arabe existaient des mini-états qui étaient gouvernés pendant des siècles par l'Aristocratie arabe. L'existence et l'expansion de ces principautés et royaumes dépendirent des rapports de forces temporaires et régionaux. Dans une ère et dans une région, où la formation d'états ne s'était pas encore stabilisée, la survie d'organisations étatiques en dehors, ou même contre la volonté des Grands, (c.-à-d. en particulier les Pharaons, Rome, les Achaiménides, les Sassanides et Byzance) était difficile. Les petites principautés et les états-villes qui osèrent relever le défi durent prendre en compte, toutes sortes de considérations tactiques par égard à de plus grandes structures de pouvoirs, sans toutefois abandonner leur propre identité et leur propre position d'intérêts. Si leurs manoeuvres entre les Grands riches et la construction simultanée de leur propre base et leur propre pouvoir avaient rèusssi, alors ils pouvaient continuer exister.

En Mésopotamie, en Syrie et en Palestine existaient des mini-états qui étaient gouvernés longtemps par l'Aristocratie arabo-indigène. Dans le courant de siècles émigrèrent des Arabes dans les pays du Hilal al-Hasib qui est la région de forme d'une demi-lune croissante (le Croissant-Rouge), autour du désert syrien qui comprend la Syrie, la Palestine et la Mésopotamie. A partir de ces pays émigrent également des hommes, mais d'un moindre nombre, et souvent des communautés persécutées, dans des régions moins fertiles, mais protégées vers l'extérieur par le désert de la Péninsule Arabe. Depuis toujours, un échange économique, culturel et linguistique existait entre les peuples à l'Est de la Mer Méditerrannée ainsi qu'en Mésopotamie et l'Arabie. Des frontières nettes n'existaient pas.
Sur la Péninsule Arabe, entre le Golfe et la Mer Rouge, il y avait un développement similaire. Depuis le Yémen, Doufar et Oman dans le Sud jusqu'en Jordanie et la Palestine dans le Nord, les principautés du Sud et du Nord de l'Arabie se fusionnèrent en de plus vastes communautés et entités politiques, parmi eux, et depuis le 5ème siècle A.C., l'Empire des Nabatéens.

L'immigration d'Arabes vers le Nord était vue per les populations autochtones comme naturelle, comme elles considéraient qu'avec l'émigration dans la direction contraire, il n'y avait rien de plus normale. Les communautés populaires voisines se rapprochaient l'une de l'autre et ont grandi ensemble et elles se sont intégrées en une plus grande entité. Elles échangeaient des idées et des marchandises. Elles partageaient en commun le bien-être et la souffrance. Dans tout, elles dépendaient l'une de l'autre.

Des parties de l'Aristocratie arabe ont joué un rôle déterminant dans le procès de la fondation d'états. Dans ces mini-états, les Arabes ne régnaient pas comme un pouvoir étranger, mais sur la base de leur position de pouvoir à l'intérieur de la ville. En tant que commerçants en gros, avec des relations de commerce internationales, ils étaient surtout intéressés à sécuriser les grandes routes, les chemins de transport, les lieux de transbordements, les ports et les marchés, et demandaient également la réduction des impôts et des tarifs de douane. Ils formaient une forte fraction de l'Aristocratie urbaine. Leur pouvoir était basé, entre autres, sur la possession de terrains, cheptel ou caravanes pour le commerce avec les pays éloignés. Pour leur souveraineté, ils devaient avoir à leur disposition une base sociale suffisante pour légitimer leur pouvoir. De leur richesse accumulée, la classe supérieure des Arabes prélevait des parts pour l'aménagement de l'infrastructure, mais également, et en particulier, pour des œuvres de bienfaisance et notamment aussi pour la construction d'édifices merveilleux, des œuvres d'art et des monuments qui nous rappellent aujourd'hui encore le brillant passé et cette époque de splendeur.

Au Nord-Ouest, l'état arabe d' al-Hira doit ses origines à une colonisation, et, à cause de l'organisation socio-politique qu'on avait instaurée ici, cet état exerçait une grande attraction sur d'autres tribus arabes et sur des familles d'artisans. En l'an 400, l'état d'al-Hira était déjà consolidé. Sous la régence du prince al-Mundir et de son fils an-Nu'man et de leurs successeurs, al-Hira se stabilisait en un royaume apte à se défendre. L'échange de marchandises entre al-Hira et ses états voisins, ainsi qu'avec les tribus bédouines, avec les paysans et les artisans représentait le plus important secteur de leur économie. Bien plus important encore était sa situation géographique au point d'intersection entre l'Arabie, la Mésopotamie et la Perse. Al-Hira pouvait profiter du commerce trans-arabique et international.

La dynastie régente à Hira, les Lahmides. avaient conclu an 421 (apres C.) une alliance avec les Sassanides pour partir en guerre ensemble contre Byzance. Le régent des Sassanides, à cette époque, Sahansah Bahram V.

Gor, avait été lui-méme éduqué à Hira, avant de monter sur le trône du Paon an 420.
Au 5ème siecle (apres C.). la procédure de consolidation politique sur la Péninsule arabe était très avancée à tel point que d'autres entités étatiques se sont également développées an Arabie centrale et au Nord. Au 5ème siècle (apres C.), l'empire des Kinda s'établissait an Arabie centrale et es maintenait jusqu'au 6ème siecle. Le développement politico-étatique se polarisait ensuite entre les deux empires des Lahmides et des Gassanides. L'état des Gassanides fut établi en Arabie du Nord, inclusivement la Jordanie de l'Est actuelle et, il s'étendait jusqu'en Syrie. L'Histoire des deux dynasties est remplie de fortes querelles non seulement pour la régence absolue (suprématie) en Arabie, mais encore sur le contrôle des routes de commerces an Asie de l'Ouest. A ce conflit se mêlaient les deux grandes empires des Gassanides et des Byzantins, et ils essayaient de rallier chaque partie des deux dynasties concernées à leur côté pour pouvoir les manipuler l'un contre l'autre. Le roi des Gassanides, al-Harit ben-Gabala, pouvait par sa victoire contre son rival des Lahmides, al-Mundir III., étendre sa régence sur de vastes parties de l'Arabie et, de là, il marchait vers le Nord et participait, en 529, à la répression de la révolte des Samaritains.

Un fait qui mérite d'être noté, c'est la participation d'hommes de lettres des deux camps à la dispute pour le pouvoir politique. Ils ne les ont toutefois pas accompagnés militairement, mais rhétoriquement, et non moins virulent.

Le remarquable empereur byzantin, Justinian, rechercha la bienveillance du roi arabe, Harit ben-Gabala, et le désigna en Syrie « Roi de tous les Arabes ». Par ce geste, l'empereur voulait renforcer sa puissance en Anatolie par une couverture de l'arrière par des forces Arabes. Peut-être, l'empereur de Byzance voulait obtenir du moins une pseudo-juridiction sur l'Arabie. Comme nous le savons, ce vieux rêve byzantin ne s'est jamais réalisé. Mais une expérience vieille de siècles servait aux Byzantins de leçon de ne jamais s'embarquer dans une guerre contre des soldats Arabes, et particulièrement pas, lorsque la bataille aurait lieu dans le désert. Pour des envahisseurs étrangers, il n'y avait jamais un retour victorieux de là. Depuis Byzance, en tant que successeur de Rome, essayait d'arriver à ses buts par des moyens diplomatiques.

Aux 6ème et 7ème siècles, la Société arabe pouvait maintenir son indépendance envers les deux grandes puissances, l'empire des Sassanides et Byzance. En lisant le texte du traité de paix de 50 ans, conclu en 561 entre Byzance et les Sassanides, se révèle le degré d'importance militaire, politique et économique dont jouissaient les Arabes. Le traité interdit explicitement aux parties contractantes d'utiliser des soldats arabes pour faire aboutir des revendications contre l'autre partenaire du traité. Les Gassanides étaient depuis longtemps des chrétiens lorsque le chiisme de Chalkédon était promulgué. Après la fission de l'église chrétienne en 451, les Gassanides maintenaient la doctrine de l'unité de la nature. Ils soutenaient sciemment la théorie de l'unité de la nature que Byzance ne reconnaissait plus comme orthodoxe, mais qui était pourtant jusqu'à présent un dogme juridique. Les chrétiens de l'Arabie dépendaient juridictionnellement du Pape de l'Egypte.

Les Lahmides avaient toléré et, an partie, subventionné des confessions hérétiques sur leur territoire, eux-mêmes n'étaient toutefois pas des chrétiens. Seulement le dernier roi des Lahmides, an-Nu'man III. Ibn-al-Mundir IV, s'est converti au christianisme en 580. La religion chrétienne était, à ce moment-là, très répandue dans son empire. Un jour, il devait condamner à mort un de ses sujets. Celui-ci le priait de bien vouloir lui accorder un délai de 3 jours pour régler les proportions dans sa tribu. Le roi acquiesçait à sa demande après avoir obtenu la promesse du condamné de revenir après les 3 jours. Lorsqu'il revenait effectivement, an-Numan, très impressionné, demandait le condamné qui se livrait ainsi volontairement à ses bourreaux :

Nu'man : Pourquoi est-tu revenu ?
Condamné : Je dois tenir ma promesse.
Nu'man : Et qui t'oblige de tenir une promesse ?
Condamné : Ma religion.
Nu'man : Laquelle ?
Condamné : Le christianisme.
Nu'man : Explique-moi leur croyance.
Sur ce dialogue, Nu'man acceptait le christianisme et se laissait administrer le baptême.

Le condamne a été grâcié.

Le processus de l'intégration arabo-politique mûrissait pendant tout un siècle. Au vu de ce long développement historique que je viens de rapporter plus haut, s'explique la rapide mise sur pied et la consolidation de l'empire arabo-islamique à partir de l'an 632. Pendant un peu plus d'un siècle (632-750) se réalisait le plus grand empire de l'Histoire de l'humanité. Cela explique également, pourquoi l'expansion du Califat a été dénommée « fath » (ouverture). Ce terme signifie l'ouverture mutuelle des territoires, la fondation d'une grande union de communautés, avec une économie sur la base de plus grands espaces.

(12)

L'incorporation de la Syrie dans l'Empire de Byzantin

Le déclin de l'Empire romain était déjà prévisible depuis le 3ème siècle. Lorsque Constantin prenait le pouvoir politique en 311, il reconnaissait que le déclin de l'empire à l'Ouest n'allait inévitablement pas s'attarder. Il a décidé de transférer le centre du pouvoir de l'Ouest à l'Est. Sur le terrain de la localité anatolienne de Byzanson il a fondé la nouvelle capitale de l'empire romain et lui donnait son nom propre de : Constantinople. Depuis là, il fixait son regard directement sur la Syrie. Constantin se laissait convertir au christianisme qu'il considérait comme un facteur ré-unificateur pour l'empire selon la devise : un empire, une religion, un empereur. Sous Constantin, la soumission de la vie publique à la loi ecclésiastique était introduite. Il constituait l'église de l'empire qui était officiellement déclarée comme seule orthodoxe.
Au 4ème siècle, la Syrie qui était à ce temps-là complètement christianisée a été incorporée dans l'empire byzantin. Les conciles générales ont reconnu la doctrine des Papes égyptiens comme ayant le droit de vérité exclusive. Les empereurs de Constantinople les ont suivis et de leur côté ont canonisé et déclaré cette doctrine comme généralement légale pour l'empire romano-byzantin.
La perspective politico-étatique – que la christianisation fortifiera l'attachement des sujets à l'état et pourrait garantir leur loyauté – n'a pas été réalisée. Dans le 5ème siècle, nous avons appris de documents contemporains qu'en Egypte et en Syrie des combats d'une forte résistance contre la politique de l'empire se sont enflammés.

(13)

La Syrie et l'Egypte contre Byzance

En l'année 451, Rome et Byzance ont érigé le dualisme en dogme de l'Egypte, la Syrie et d'autres églises se sont élevées pour faire objection et maintenaient le principe de l'unité. Pour cela, Byzance, Rome et l'Eglise de l'Imperium déchainèrent de cruelles vagues de persécutions contre les chrétiens égyptiens et syriens. Des masses de chrétiens en Syrie et en Egypte ont trouvé la mort de martyres à cause de leur croyance pendant la longue persécution. Egalement dans cette question, l'unité entre Syriens et Egyptiens, une fois de plus, restait intacte.

Sur la question de « l'Unité ou le Dualisme » l'église chrétienne se scinda. Le dualisme comme dogme ecclésiastique a été sanctionné la première fois par le Concile du schisme de Chalkedon, en 451. Le schisme existe encore aujourd'hui.
Les Coptes et les chrétiens syriens sont appelés en langue de l'enseignement confessionnelle les « Jacobites ». D'autres églises de l'Est se sont ralliées aux Jacobites. Cette formation existe depuis 1600 ans. II serait trop écourté de voire ce front seulement sous le point de vue dogmatique. Le schisme ecclésiastique reflète une contradiction politique, qui apparait comme une contradiction de croyance.
Le dualisme des régents et sujets se reflète comme la christologie dualistique.
Mais également dans d'autres questions, l'Histoire de longue durée démontre des points communs et des alliances jusqu'à l'unité des deux peuples de Syrie et de l'Egypte.

(14)

La libération de la Syrie et de l'Egypte de la domination byzantine

La domination romano-byzantine était fortement combattue en Syrie et en Egypte, pendant que des masses de combattants de la résistance sacrifiaient, en martyre, leur vie pour la liberté.

La page de l'Histoire se retournait contre Byzance, depuis qu'en Arabie, en 632, suite à l'Islam, des armées ont été formées. En 634, ils commencèrent leur marche pour la libération des pays dominés par Bvzance. La Syrie devenait libre déjà en 634, l'Egypte en 638 à 646. D'autres pays suivaient.
C'est seulement par la libération par les armées arabes dans l'année 634 et après, que les brutales persécutions par les empereurs byzantins contre les adeptes de la théorie chrétienne de l'unité pouvaient être stoppées. La théorie de l'unité (dans l'Islam « tawhid ») est un principal dénominateur commun entre les chrétiens et les musulmans.

Le Califat avait conclu un pacte de paix avec Constantinople qui garantissait aux empereurs byzantins la souveraineté sur une grande partie de l'Anatolie. La frontière fut tirée à travers La Syrie au Nord d'Alep avec la conséquence que la partie de la Syrie qui appartenait à Byzance restait chrétienne et que les chrétiens de cette région sont appelés les « Roums « (dépendants de Rome).

(15)

La Syrie arabe

Bien longtemps avant l'Islam existaient des relations intensives entre la Syrie et l'Arabie. Une migration Nord-Sud, et encore plus intensive dans la direction Sud-Nord, randomisait pendant toute son Histoire. La langue arabe était bien connue en Syrie même avant la conquête arabe. Elle a influencé l'Araméen aussi bien que le contraire, dans une moindre mesure. Déjà dans cette époque, la Syrie avait produit des poètes extra-ordinaires, parlant l'Arabe, p.ex. an-Nâbiga az-Zubiânî.

Au vu de ces connaissances de la langue arabe, il est compréhensible, pourquoi la conquête arabe pouvait se faire si vite. La population syrienne avait salué les armées arabes sous Hâlid b. Walid (634).

L'œuvre d'al-Baladurî[2] est une source primaire de premier rang. L'auteur était très proche des événements et les a rapportés dans une objectivité impressionnante.

Avec la conquête arabe se propageait la langue arabe en Syrie au détriment de l'Araméen et du vieux-Syriaque. Depuis la réforme du Calife, Abd al-Malik (685-705), l'Arabe est devenu la langue officielle et, plus tard, la langue unique nationale de la Syrie.

---

2 Al-Baladurî, Futûh al-buldân (réédité plusieurs fois)

(16)

Damas (I)

Damas est une des plus anciennes villes durablement habitée du monde. Ses résidents y habitaient constamment, toutefois, Damas devenait la capitale seulement depuis l'ère historique arabo-islamique. Les anciennes murailles de la vieille ville reflètent l'Histoire de longue durée de la Syrie. Les sept portails qui sont incrustés dans la muraille portent des noms historiques. Avec sa longueur de 4 kms, elle encadre la vieille ville et la délimite contre la nouvelle ville. Le portail de l'Est, al-Bâb-as-Sharki, est archéologiquement et architectoniquement, très important, mais également du point de vue de la mobilité et la communication en tant qu'artère routière. Il sert en outre le passage principal entre la vieille et la nouvelle ville.

Pour l'observateur, il est tout particulièrement impressionnant que la description de Damas soit pleinement identique avec la documentation dans l'Evangile selon l'Apôtre Saint Luc,[3] d'il y a presque deux mille ans. Pendant des siècles, les planificateurs de la ville ont respecté le principe de préservation de la structure de la vieille ville de Damas, lors des mesures de rénovations et de l'assainissement des quartiers et bâtiments.

La rue principale de la vieille ville est la « route droite » (« at-Tarîq al moustaqîm »). Elle est mentionnée avec ce nom par Saint Luc dans l'histoire des Apôtres. Ce privilège inhabituel et cette continuité sont uniques, dont Damas a le droit d'être fière. Tout de même, la rue biblique est devenue souvent le théâtre d'importants événements historiques. En relation avec la conversion de Paul, elle représente un tournant pendant le premier temps du christianisme.[4] Elle est la route confirmée d'être la plus ancienne du monde. La route droite forme l'axe Ouest-Est de la capitale. Pour la rénovation de la muraille de la vieille ville, plusieurs concepts ont été déposés. Lors de rénovations nécessaires de la muraille, ainsi que des portails, il est toujours pris en soigneuse considération à ce que l'ancien et le nouveau soient harmoniquement complémentaires l'une de l'autre. Avant tout, ce succès est grâce à ceux qui, dans l'antiquité, ont construit

[3] Histoire de l'Apôtre, chapitre 9, 11

[4] Histoire de l'Apôtre, chapitre 9

la muraille de la ville avec ses sept portails. Leurs calculs de la statique, leur architecture et leur art de construire ont permis de continuer, des siècles plus tard, de travailler les structures de base, sans devoir les changer. Le principe majeur de cette forme de construction est la particularité de la « délimitation et de l'encadrement », dont le résultat est que chaque unité de construction a ses propres formes à elle, mais qu'elle s'intègre en même temps harmonieusement dans l'ensemble de la structure de la muraille. Cet arrangement se répète dans les différentes grandes et petites tranches de construction. Les différents éléments s'intègrent dans une structure globale. La diversité architectonique est dominée par un sentiment de globalité. Cet effet se réalise par l'emploi très professionnel du principe de la « délimitation et de l'encadrement ». La muraille avec ses quatre kms de longueur provoque des effets variés, mais elle reste quand même homogène.
Pour la gaine architectonique, l'espace est couvert par une série symétrique de coupoles qui impressionnent en tant qu'extension de l'espace. Fonctionnellement, elle sert d'aération de la galerie. L'effet de lumière est optimisé. Les coupoles procurent à l'espace le caractère spécifique qui s'insère harmonieusement dans toute l'architecture traditionnelle de la vieille ville. Les colonnes forment la ligne directrice pour l'orientation dans l'espace. Elles sont érigées analogiquement à l'axe principal. Les parois et les colonnes sont construits de grès-calcaire. Ils sont naturels et ne nuisent pas au climat.
La construction du plafond est choisie en tenant compte du fait que le toit aura un aménagement d'espace vert. La couche supérieure contiendra de la terre. C'est un jardin sur le toit, mais sans terrasse. II va de soi, que ni le trafic public, ni le séjour sur le toit ne sont prévus. Le vert de la flore locale est planté par intérêt esthétique, mais également écologique. Une niche biologique pour la faune se fera tout seul.
L'utilisation de « Masrabîyas », faites avec une grande habileté artistique, a une longue tradition dans l'architecture arabe. Ce sont des œuvres en bois qui sont soigneusement et avec une précision ultime incrustées dans les parois et installées devant les fenêtres. Leur fonction est de régulariser la température, selon la saison. Elles assurent également l'aération permanente des pièces intérieures selon le degré désiré. En plus de leur splendeur d'art épatante, elles ont une grande importance fonctionnelle et hygiénique.

On trouve des « Masrabîyas » également dans des églises, Mosquées et palaces, mais aussi dans des maisons d'habitat ou dans des bâtiments

dont les propriétaires sont très soucieux de l'art. Qui a des critères de l'appréciation de l'art, de la classique et de la beauté, installe des « Masrabîyas ». Ainsi, on les trouve aussi dans des maisons privées. Des anciennes « Masrabîyas » atteignent aujourd'hui une haute valeur antiquaire. Des musées arabes qui les montrent souvent dans le contexte original, se félicitent de leur propriété.
La muraille de le ville est seulement une des attractions, qui démontrent la continuité de l'Histoire à long terme.
L'axe emmène du Vestibulum[5] de la ville vers les lieux importants des découvertes archéologiques. Le long de l'axe existe une rangée de colonnes, comme surface ombrée avec un toit aménagé en verdure. En dessous se trouve un bassin d'eau avec son fond en mosaïque. Les banquettes sont utilisées par les gens comme bien public de liberté, un signe caractéristique de la culture urbaine arabe.

Nous avons mentionné la muraille de la ville pour son importance historique et pour sa particularité d'art. Mais elle n'est pas du tout un phénomène solitaire. Maintes autres constructions de Damas sont fascinantes, parmi d'autres, des vieux immeubles d'habitation avec leur style d'architecture ancienne-moderne. Spécialement mentionnées soient les cours intérieures avec fontaine artésienne et les fenêtres avec la vue sur la cour. De cette façon, le type de la liaison de « l'intérieur et l'extérieur » est réalisée d'une manière extrêmement sensible.

L'identité architectonique du nouveau avec le Damas historique se trouve toutefois seulement dans la vieille ville qui est aujourd'hui préservée. La continuité de l'Histoire, la préservation de la tradition, la maintenance et l'entretien de l'esthétique démontrent la symbiose des vieilles formes avec des parts modernes. La méthode de construction éprouvée pendant des siècles et des monuments, vieux de millénaires, sont en premier lieu les accomplissements des architectes, des maçons et des maîtres d'ouvrage, qui ont vécu et travaillé des époques avant notre temps. Le plus souvent, ils ne sont pas mentionnés par leur nom. Leurs constructions à caractère historique prêtent au Damas d'aujourd'hui sa fascination unique : l'antiquité et la modernité s'unissent à une merveilleuse complémentarité.

Dans l'ombre des monuments historiquement importants, des plus petits immeubles d'habitation ne sont souvent pas embrassés du regard, et pour-

[5] Le Vestibulum (l'avant-cour) désigne chez des maisons romans antique un petit place avant la maison ou le domaine d'entrée.

tant, dans leur modestie, ils dégagent une profonde fascination artistique. Ils créent une atmosphère romantique. Architèctoniquement merveilleux et esthétiquement attractifs, ils favorisent la communication et la chaleur humaine.
Aux immeubles d'habitat classiques, habités, soignés et bien entretenus en Syrie appartient la cour intérieure en tant qu'élément caractéristique du style traditionnel de l'aménagement de l'habitat. Elle est le lieu de l'hospitalité et de la communication. Par conséquent, elle est le centre topographique de la construction. Elle est le point de départ pour la planification d'un bâtiment traditionnel. II s'agit-là d'un principe classique de construction qui appartient au schéma de base de la manière de construction arabe. Ce schéma de construction vient à la rencontre du climat méditerranéen, agréablement chaud. Le Vestibulum emmène par une ouverture vers l'intérieur et c'est pourquoi qu'on attache une attention et importance particulière à l'aménagement des façades de l'intérieur. En comparaison, les façades de l'extérieur sont plutôt subordonnées. L'architecture suggère le contraste entre la chaleur, bruits et saleté de l'extérieur et la tranquillité et l'adoucissante humidité de l'intérieur.
Le bel aménagement de la cour intérieure avec son typiquement agréable style, son individualité et sa propreté a un effet attrayant. C'est ici que l'on soigne, à l'air libre, la conversation journalière, sous les visibles étoiles qui brillent du ciel sur fond bleu.
Devant la cour intérieure se trouve le Riwaq (qui correspond au Vestibulum dans d'autres bâtiments). Dans les installations architectoniquement traditionnelles, le Riwaq a des arcades couvertes qui séparent la cour intérieure des affaires. Sociologiquement dans l'habitat arabe, le Riwaq est d'une importance indéniable. Beaucoup de choses se passent qui ne se font pas sur la rue devant les façades, ni dans les pièces intérieures. Le Riwaq est le lieu adéquat pour une conversation intermédiaire. En outre, il sert à une discrète préparation des hôtes. Ils ne doivent pas venir dirèctement de la rue dans la pièce familiale. Le Riwaq est psychologiquement d'un effet inestimable pour la préparation de l'hôte sur la nouvelle situation.

La cour intérieure avec une fontaine et son bassin de mosaïque, la terrasse du toit avec sa verdure et le climat globale de l'hospitalité et de la communication de la culture d'habitat privée m'ont personnellement pas moins impressionnés que l'historique héritage accumulé de la Syrie.

(17)

Le Califat de Damas sous les Omayyades (660-750)

Les Omayyades se décident pour Damas

La capitale traditionnelle de la Syrie était Antioche, une métropole pleine d'Histoire, d'une haute culture et d'une grande érudition. Elle était construite par les Seleukides et ils l'appelait Seleukia. Mais elle était d'une courte durée comme ses régents.

Les premiers quatres Califes (632-660) ont gouverné l'empire arabo-islamique depuis La Médine. Quoique Mohammed lui-même oeuvrait également à la Médine, Mu'awiya, le fondateur de la dynastie des Omayyades, se décidait de rompre avec cette tradition. Lui et les Omayyades marquaient le changement de l'Etat religieux à l'Etat séculaire. C'étaient les Omayyades qui ont élevé Damas comme capitale de l'empire arabo-islamique. Leur décision était moins motivée par le fait qu'ils y avaient déjà avant leur prise de pouvoir des positions, mais plutôt par le fait que Damas était depuis l'antiquité un centre de l'Administration et possédait l'infrastructure pour de plus grandes tâches. La Médine était trop périphère et située trop dans le Sud. Damas était centrale avec des contacts aux trois continents du vieux monde. A Damas se croisèrent les grandes routes du vieux monde. Elle avait les installations pour des relations internationales. Elle était le Centre ou une des plus importants centres du commerce mondial.
Egalement, quand les Abbasides avaient plus tard transféré la capitale à Bagdad, Damas pouvait garder son importance.

Le Califat de Damas marque le commencement d'une nouvelle ère politique dans l'Histoire du monde. Les Omayyades sont les vrais fondateurs du principe de la séparation de l'Etat et la religion.

Sous Omar I., étaient libérés les pays occupés par Byzance : à commencer avec la Palestine, puis la Syrie et l'Irak et ensuite – encore sous Omar I. – L'Egypte. Ainsi, une grande et riche région était libérée de la domination byzantine.

Avec cela commençait le lent déclin de l'empire de Bvzance et l'ascension de l'empire arabo-islamique. Cela était l'immédiate préhistoire de la prise de pouvoirs des Omayyades. Avec cela, leur tâches étaient claires : de construire et de consolider l'empire arabo-islamique. C'étaient les Omayyades qui stabilisaient l'empire arabo-islamique ascendant.

Pendant des siècles de l'impérialistique domination romaine et byzantine, les pays occupés étaient ségmentés et séparés par des frontières « limes » sévères, divisés et éloignés les uns de l'autre. C'était Rome qui a fondé et appliqué la politique de divide et impera.

Les conquêtes arabes sont déjà désignées comme « Fath » (ouverture) dans la littérature classique et contemporaine. Ce terme est à interprêter littéralement : les pays ouvrir mutuellement et raccorder l'un à l'autre. La domination étrangère romaine et byzantine avaient renfermé les pays occupés de dehors. Des voyages, en particulier des voyages à l'étranger, étaient très difficiles. Le voyageur devait porter des documents de voyage et de passage sur lui qui étaient très difficiles à obtenir.

Avec de telles situations étaient confrontés les conquéreurs arabes. Leur premières tâches étaient d'abolir le démorcèllement et la ségrégation, d'enlever les frontières et faire régner la libre circulation, c.à-d. « fath », (« ouverture »). Les conséquences immédiates étaient croissance, progrès et bien-être pour tous les hommes et régions.

Dans tous l'empire arabo-islamiques ces restrictions et bien d'autres étaient abolies. Il y avait « fath ». Ces nouvelles libertés s'avérèrent très importantes pour la longue stabilité d'environ 1000 ans de l'empire arabo-islamique. Les Omayyades étaient les premiers qui pensaient et planifiaient politiquement et économiquement dans de grands espaces économiques. Avec cette politique allait l'ouverture des frontières (« Fath »), la libre circulation, la libéralisation du commerce, garantir la sécurité sur les grandes routes et les chemins de commerce et l'intégration des pays et les provinces au grand empire arabo-islamique.

Ce changement politique était accompagné par de grands débats publics, théoriques et littéraires. La grande dispute des deux parties de Ali et de Mu'awiya sur la forme de l'Etat avait comme conséquence que les victorieux Omayyades sont devenus sous la contrainte de légitimation, de faire leur preuve dans le pratique. Leur politique d'Etat avait à obtenir la confiance et être crédible, si ils voulaient continuer à gouverner. L'Etat avait à sa charge la justice et le bien-être de tous. Les principes de gouvernance devaient se baser sur l'éthique politique et la morale pratique.

Les Omayyades ont fondé un Etat séculaire, le premier dans l'Histoire. Il est guidé par la raison et non plus par les promesses divines. D'autres Etats séculaires ont suivi plus tard leur exemple. Le Califat de Damas est surement le pionnier du système d'Etat séculaire. Sous les Omayyades régnait la séparation de l'Etat et les institutions religieuses. L'»Etat séculaire » en tant que système de gouvernement a pu s'imposer et a fait ses preuves.

Des sources contemporaines témoignent d'une tolérance remarquable des Omayyades. Des auteurs chrétiens louaient les Omayyades pour les libertés qu'ils ont octroyées aux églises, aux chrétiens et à d'autres non- musulmans.

Sous les Omayyades, la Syrie est devenue le centre et la région fondamentale de l'empire arabo-islamique. La Péninsule de l'Arabie a perdu de son importance.

L'ère des Omayyades était l'époque de l'expansion de l'empire arabo-islamique. Avec leur Califat (750), l'expansion a été stoppée,

(18)

Le Califat de Bagdad sous les Abbasides (750-1258)

La Syrie reste une importante région dans l'Empire arabo-islamique. Avec leur victoire sur les Omayyades, les Abbasides transfèrent la capitale de l'empire en Irak. La Syrie garde son importance en tant que région principale de l'empire arabo-islamique. Damas reste continuellement un important centre de culture, d'érudition et des relations internationales. Les Abbasides gouvernaient d'abord depuis Fallouga, jusqu'à la nouvelle capitale Bagdad était construite par Mansour, et en 754, solennellement inaugurée.
Le Califat des Abbasides durait de 750-1258 après C. Ils ont gouverné continuelle- ment. Une période de gouvernance de plus d'un demi-millénaire est une grande exception dans l'Histoire du monde. On peut se poser la question, comment cette longue stabilité pouvait se maintenir :

1. La politique de paix : Les Abbasides déployèrent une politique globale de coexistence pacifique avec tous les Etats et peuples du vieux monde. Ce sont en détails :
L'Afrique : La paix arabo-éthiopienne existait déjà depuis le temps de Mohammed et est datée de 622 selon le Higra. Le Contrat de paix du Califat avec la Nubie était négocié avec le roi Zacharias de Nobatia (645-655), et signé par le roi Qalidurut de Makouria (651/652). Les Arabes y avaient promis de ne pas marcher militairement contre l'Afrique. Comme le montre l'Histoire, les Arabes, - y inclus les Abbasides – ont tenu pendant 1500 ans cette promesse et ont prouvé leur crédibilité pour toujours,
La Chine : l'empire arabo-islamique, représenté par le Califat, a conclu avec la Chine un Traité de paix à Tales, daté en l'an 750 après C. qui est également tenu d'une manière conséquente des deux côtés jusqu'à ce jour.

L'Empire byzantin : Le Traité de paix avec Byzance a déjà été conclu par les Omayyades, par lequel ils ont soumis la Syrie du Nord, y compris Alep, à la souveraineté de l'empereur byzantin avec la condition que le

caractère arabe de la ville ne soit pas abandonné. D'où s'explique qu'au Nord de la Syrie, les chrétiens sont plus représentés qu'au Sud. Un Pacte de non-agression mutuel a été signé et tenu. Les Abbasides ont renouvelé ce contrat et l'ont tenu. L'Empire romain : Immédiatement après la consolidation de la situation politique en Europe, et la formation d'un nouvel « impérium romanum » sous la structure du « Saint Impérium Romanum », le Califat, représenté par Haroun er-Rachid, a signé un Contrat de paix, avec l'empire romain de nation allemande, représenté par Charles le Grand, qui a été solennelle- ment signé à Aachen en l'an 800.
L'Europe du Sud-Ouest « *el-Andalouse* » : Après la prise du pouvoir des Abbasides, une branche des Omayyades pouvait arriver, sous Abed ar-Rahman ad-Dahil, en Ibérie, et y continuer un propre Califat. Les Abbasides ont renoncé à l'idée de la rallier militairement à l'unité du Califat. La concurrence entre l'Est et l'Ouest arabique – l'Afrique du Nord, le Maghreb et l'Andalousie sur la Péninsule ibérique, se fait depuis-là seulement et exclusivement culturellement.
La conséquente politique de paix et la coexistence paisible sont tenues par les Abbasides non pas par faiblesse, mais d'une position de force et par la conviction que la paix était plus constructive et plus utile que la guerre et l'expansion.
La paix mondiale a tenu pendant 350 ans. C'était une époque de confiance et du bien-être pour tous les peuples. Les sociétés florissaient et ont profité de la paix. Des vies humaines étaient épargnées. Les peuples vivaient sans ennuis et peurs. Pour l'Afrique commençait le millénaire d'or, connu par tout le monde.

2. Le Bien-être : Une grande partie de la population pouvait mener un standard de vie digne des humains. Lire et Ecrire étaient largement propagés. La plus-value n'était pas exploitée.

3. La question du ravitaillement : La politique des frontières ouvertes et l'économie intégrée dans de grands espaces ont apporté un haut produit brut social, auquel la plupart des hommes avaient un avantage. Des misères extrêmes et des rigueurs ne sont pas rapportés.

4. La Prévoyance : Dans le « Bait el-mal » des moyens – Zakat, des dons et des parts d'héritages étaient payés et collectés, qui étaient prévus pour la bienfaisance.

5. Le désamorçage des différences de classes : Les riches étaient imposés relative à leur revenu. Les pauvres avaient droit à une rémunération publique.

6. Les Mouvements de Justice : Le temps de régence des Abbasides était marqué par la propagation et l'ancrage de mouvements de justice. Leur existence ont amené le Califat à la contrainte de légitimation. Par la politique de compensation publique, les critiques auraient dû s'estomper.

Pendant que le terme « Moyen Age » dans l'Histoire européenne est synonyme de « Stagnation », « Régression » et d'« Obscurité » et pour cela est utilisé dans la combinaison de « sombre » et « le plus sombre » Moyen Age, présente la médiavistique arabe une envolée dans l'Histoire de l'humanité. L'ère des Abbasides était le temps de son apogée dans tous les domaines de la culture, de la science, de la philosophie, de la technologie, et de la musique.

Damas a perdu la régence politique à Bagdad, toutefois, il lui restait la direction spirituelle. La Science, la richesse de l'Innovation, la Technique et le travail de l'Art ont fait de grand progrès. La littérature des belles lettres « el-Adab » fait une envolée. De nouvelles dimensions se révèlent. A mentionner les Maqamas, les Epos et la Prose. En Syrie commencent les« Risalat el-Gufran » de l'Abou el-Ala' al-Ma'arri, qui servaient plus tard comme modèle à l'Italien Dante pour sa divine comédie. Mais aussi sur d'autres domaines, le phare syrien brillait loin.

De grands philosophes, comme Farabi et Gazali mettaient une grande valeur sur un séjour professionnel en Syrie.

Les Abbasides étaient défiés par la propagation et l'élargissement des mouvements de justice. La plus importante société égalitaire était surement celle des Qarmates. Avec eux comptaient la Palestine et la Syrie. Les Qarmates étaient d'une société des plus socialisées avec la plus longue durée. Elle existait depuis 900 après C. jusqu'à 1100, et dans quelques régions même jusqu'à 1400 après C.

(19)

Les Ayyoubides et les Mamelouks (1171-1517)

Déjà au 9ème siècle l`Egypte s'est fait indépendante de Bagdad, tandis que la Syrie est restée fidèle au Califat. Les Tulundes, les Ichshidides et les Fatimides ne pouvaient étendre leur reign sur la Syrie. Ce sont seulement les Ayyoubides et les Mamelouks qui gouvernaient depuis Le Caire un empire syro-égyptien uni.

Dans ce temps, tombent les agressions européennes des croisières (1098-1292. La résistance arabe a été conduite de la Syrie et de l'Egypte jusqu'à l'expulsion définitive des envahisseurs. La bataille de libération contre l'ennemie commune a renforcé l'unité syrienne et égyptienne. On ne peut pas écrire l'Histoire de la Syrie sans l'histoire de l'Egypte et l'histoire de l'Egypte sans la Syrie.

(20)

La Syrie sous la domination des Ottomanes (1516 à 1917)

1516 Les Ottomanes avaient occupé Damas,
1517 Le Caire et
1518 l'Afrique du Nord.

La domination ottomane portait au Monde Arabe un grand préjudice et une régression générale. Dans un premier temps de leur occupation, ils ont déporté par force des scientifiques, des cadres, des ingénieurs, des techniciens et des artisans arabes en Turquie. Mais également des bibliothèques et des patrimoines historiques ils ont transporté en Anatolie.
Pour financer leurs expéditions ultérieures, ils ont extorqué des fonds par une extrême exploitation et par une augmentation sans cesse des charges fiscales.
Par suite de l'excessive imposition, beaucoup d'entreprises devaient arrêter leur production. Des paysans se sont réfugiés dans des régions loin de celles occupées par des Ottomanes, et surtout vers I' Afrique moyenne.

Les Ottomanes ont cruellement réprimé la résistance contre la domination des peuples arabes. Cette longue occupation des Ottomanes ne doit pas être considérée comme une unité. Lorsque les Séleukides anatoliens sont entrés dans leur pays, la population autochtone les a salués en tant que libérateurs de la domination byzantine. Avec la conquête de Constantinople en 1453, les Ottomanes avaient de toute évidence également appliqué la politique impérialiste des Romains. Ce que Byzance ne pouvait réaliser, les Ottomanes l'ont imposé.
Avec l'intensification de leur politique d'oppression, la résistance augmentait. Il n'était pas rare que les Ottomanes pouvaient être remis à leur place. Et pourtant les Ottomanes n'étaient pas prêts à des concessions jusqu'au déclin de leur domination, ils ont commis des massacres contre les opposants. D'autres ils ont incarcérés et torturés. Les Ottomanes ont fait mûrir le Monde Arabe pour la tempête de l'Impérialisme.

(21)

L'Etat Arabe Unifié sous Mohammed Ali

Muhammad Ali et le Rétablissement de L'Empire arabe (1805 à 1848)

Vu de l'Histoire universelle, la Péninsule Arabique étant située dans sa large partie en dehors du contrôle des grands impéria qui se suivaient l'un après l'autre. Aucune domination étrangère pouvait l'assujettir pour longtemps. Durant les dernières 250 années, l'Histoire politique du sub-continent arabique a été marquée par le mouvement Wahhab qui s'est constitué en 1739 à Najed et a été nommé selon son fondateur, Mohammed b. Abd al-Wahhab. Il défendait un Islam fondamental et rigide. Son idéologie a été acceptée par le chef de tribues, Mohammed b. Saoud, qui avait son siège à Dariyya. Politiquement relevant est le Wahhabisme surtout pour le principe que le régent est responsable pour veiller à la validité du droit divin, les sujets ont à suivre le régent sans résistance aucune. Ces idées sont encore aujourd'hui soutenues en Arabie Saoudite. Le Roi saoudien justifie son règne et la validité de ses décisions en se basant sur Sura an-Nisa (Sure 4, les femmes, Vers 60) :

> *Vous qui avez accepté la croyance, soyez obéissants à Dieux et à son Prophète (= Mohammed) et aux Responsables parmi vous « 'Ulu al-amr ».*

« 'Ulu al-Amr » est synonyme à Chef de l'Etat. Sur ce synonyme, les Saoudiens se réfèrent quand ils défendent toute forme de protestation, de résistance et même de désobéissance civile. La dernière serait également en directe contradiction au Coran 4, Vers 59.

En tout, le Wahhabisme pouvait s'imposer en dehors de la Péninsule arabique; surtout au Naged, au Hidgaz, et en Asir où le Wahhabisme est toujours ancré.

L'intérêt des Saoudiens au Wahhabisme est évident. Dans une époque où les vagues des mouvements d'émancipation des Arabes déferlent, les Saoudiens ont reconnu l'importance du Wahhabisme comme moyen pour la légitimation de leur régence. La mission des Wahhabites était accompagnée par l'armée saoudienne qui a conquis La Mecque en 1803/6 et La Médine en 1805. Avec cette conquête ils pouvaient contrôler le Hadge, le pèlerinage aux sites islamiques sacrés. En même temps ils se déclarèrent les protecteurs des sanctuaires traditionnels.

En l'an 1807, le Sultan d'Istanbul avait demandé au Gouverneur égyptien de retirer l'Arabie de l'influence des Wahhabites et des Saoudiens et de la soumettre à l'Empire Ottomane. Mohammed Ali ne devait pas être prié, car en ce temps, il avait déjà la vision du rétablissement de l'Empire Arabe, ce qui équivaudrait au déclin de l'empire ottomane. Tout d'abord Mohammed Ali avait besoin pour ses actions politiques et militaires la légitimation de la Grande Porte et ne devait donc pas montrer aucune désobéissance. Il remit alors son plan pour conquérir l'Arabie à plus tard. Il voulait d'abord stabiliser sa position en Egypte.
Ce but il avait atteint, quand il avait définitivement éliminé les Mamelouks, en 1811. C'est alors qu'il pouvait passer à l'expansion. Dans la même année, il entreprenait la tentative de contrôler militairement le Hedjaz pour sécuriser le commerce par la Mer Rouge et Bab el- Mandeb. En 1812/13, il arracha La Mecque et La Médine aux Wahhabites. En 1818 tombait également leur bastion de base Dariyya. Mais les Wahhabites n'étaient pas du tout démantelés à long terme; ils se retirèrent dans les vastes régions désertiques pour accumuler des forces. En 1824 ils pouvaient construire une principauté au Naged. Leur pouvoir restait toutefois localement limité et à cause du manque d'infrastructure il restait à l'écart de l'emprise de l'armée égyptienne. Par contre le Hedjaz qui était relié aux voies de ravitaillement et par la flotte égyptienne bien accessible, a été gouverné centralement depuis Le Caire.

A l'automne 1831, l'Egypte entama l'offensive contre la troupe de domination ottomane dans l'Est de l'Orient arabe. Sous la direction du stratégiquement doué Ibrahim, fils de Mohammed Ali, l'armée égyptienne entrait au Bilad as-Cham (Damas). Déjà dans les premières stations en Palestine, les Egyptiens étaient accueillis avec enthousiasme comme des libérateurs. Lorsque l'armée est entrée sous Ibrahim en Syrie, les citoyens se sont préparés à une réception festive de leurs libérateurs. A Damas, Ibrahim et ses troupes étaient fêtés en tant que victorieux sur les Ottomanes.
Des siècles de l'occupation ottomane, les charges lourdes de taxation, l'exploitation sans égard des humains et le pillage des ressources naturelles ont délaissé que la colère et le refus. Le mépris journalier et la maltraitance des humains en plus de la corruption des fonctionnaires de la troupe

et de l'administration d'occupation ont poussé la haine des Arabes contre l'occupation étrangère jusqu'à l'excès. Il se doit nulle explication qu'en Palestine et en Syrie l'armée égyptienne était reçue comme leur propre armée nationale. Au Liban également, la venue de l'armée égyptienne était saluée avec soulagement de la part de la population arabe qu'elle a appuyé activement ou passivement.

Fort par la rapide et facile victoire, Ibrahim pouvait continuer sa marche victorieuse. Le voilà, directement devant le territoire national turc, il ne pouvait autrement que de continuer son succès. Egalement là, une partie de la Turquie pouvait être reconquit sans problèmes. Ainsi, il a dégagé un pont pour arracher la Grèce de la domination des ottomanes. Il était évident que même en Turquie la population ne s'est pas opposée, car elle se sentait mieux traitée par l'armée arabe que par les militaires ottomanes. (Des témoins oculaires rapportaient que les membres de l'armée égyptienne étaient bien vus dans le bazar, parce qu'ils avaient l'habitude de payer leurs achats, à l'inverse des troupes ottomanes). L'armée égyptienne occupait d'autres centres de pouvoir dans l'Est de la Turquie et marchait jusqu'à Konya en Anatolie, où l'armée ottomane essuyait une défaite décisive vers la fin de 1832. Depuis Konya, il aurait été facile pour Ibrahim de conquérir Istanbul. Il demanda à son père, Mohammed Ali, la permission de continuer sa marche sur Istanbul, mais Mohammed Ali refusa son acquiescement à cette demande de son fils. Il est évident que cela était un acte loyaliste envers le Sultan.

Plus important est pourtant l'autodiscipline, le Monde Arabe forme historiquement et culturellement une unité, que l'on doit rétablir légitimement, mais qui est également un devoir, et même une nécessité. Mohammed Ali a préféré d'intégrer le Monde Arabe et de stopper l'expansion.
En fait, en commençant avec la Syrie et l'Egypte, Mohammed Ali et son fils Ibrahim ont ouvert l'imminent procès de l'intégration. Le but était la formation d'un système fédétif d'états arabes.

En Syrie des réformes décisives de l'Administration, de l'Education, de la Santé et de la Politique sociale ont été introduites. Le statut spécial des minorités (« Milliyat ») était abrogé et le statut de l'égalité introduit. La discrimination de groupes éthiques, de communautés non-musulmanes et autres formes de discrimination ont été supprimées. Ibrahim interdisait explicitement toute forme de défavorisation des chrétiens et des juifs. L'ordre fiscal a été profondément réformé. La justice de taxation est devenue la base de la politique fiscale. L'arbitrage ottoman et la taxation selon l'appartenance confessionnelle ont été terminés ; l'égalité de taxation a été introduite.

Dans le secteur économique des bouleversements importants ont eu lieu. De grandes et de petites industries ont été réalisées. Il y avait une situation de l'autarcie et de plein emploi. Pour les industries-clé et les autres domaines de production, un monopole d'état a été créé. Une réforme agraire a été entreprise. Pour protéger et appuyer les petites et moyennes entreprises, des programmes spéciaux pour la promotion agraire ont été lancés. Les entreprises agricoles qui travaillaient selon les recommandations de l'état ont été subventionnées. La fuite urbaine qui avait pris des dimensions menaçantes s'est arrêtée de soi-même. Les mines et les ressources de matières premières ont été prises en charge par l'Etat.
Au lieu de l'armée de domination des Ottomanes et le recrutement par force d'Arabes pour la domination étrangère, la défense nationale a été organisée. De jeunes hommes ont été gagnés pour le service militaire dans l'armée nationale arabe où ils reçoivent un salaire fixe. En même temps, l'Etat intervenait contre l'organisation d'armées privées et ordonnait leur dissolution immédiate. L'ordonnance pour le désarmement des régions de montagnes n'a pas été acceptée sans résistance des princes locaux. Pour le reste, le pouvoir armé est devenu le droit exclusif de l'Etat. La sécurité publique était rétablie.

La politique étrangère égyptienne était alors devant la décision sur la marche future de l'Histoire. Pour l'Empire ottomane était venue la fin de ses jours. La renaissance d'une Nation unifiée arabe était réalisable dans un proche avenir. Mais la marche future des évènements dépendait du sort de la dynastie ottomane impérialiste. Ibrahim ne pensait pas seulement en tant que militaire, lorsqu'il suggérait la destitution du Sultan qui gouvernait à ce temps-là à Istanbul. Mais Mohammed-Ali qui vivait au Caire ne lui donnait pas sa permission. D'un coté, c'était sa loyauté envers la Grande Porte, et de l'autre, était son but du rétablissement de l'Etat arabe unifié, auquel il ne voulait pas compter l'Anatolie.

Jusqu'en 1840,1' Egypte contrôlait de larges parties de l'Arabie, y inclus le Hedjaz, le Soudan jusqu'à l'équateur et l'Afrique centrale, la Mer Rouge, comme mer intérieure, avec les côtes asiatiques et africaines et l'Est arabique avec la Palestine et la Syrie. L'Etat arabe unifié, avec le Caire comme capitale, n'est plus un rêve, mais une réalité.

La vision politique de Mohammed Ali semblait avoir été réalisée : La région arabe avec pouvoir central au Caire avait été réunifiée. L'Etat arabe unifié est alors devenu une grandeur réellement existante. Les peuples des régions respirent en toute sérénité. Ils vivent en sécurité et se réjouissent d'une aisance relative.

Avec ce développement positif pour l'avenir des régions arabes, le régent ottoman à Istanbul ne pouvait pas s'accommoder. Mohammed Ali lui concédait un droit formel de souveraineté et était même prêt à lui payer un tribut annuel - injustifié -. Mais cela n'était pas suffisant pour le pseudo- Sultan. A partir de là, commençait la Grande Porte sa politique ouvertement destructive contre l'Etat arabe. La grande Porte préférait de s'allier avec les colonialistes européens que de s'allier avec Le Caire et les Arabes. Le Sultan se livrait complètement sans la nécessaire clairvoyance politique. Il aurait dû savoir que les Européens cherchaient d'abord à s'allier avec lui pour pouvoir l'éliminer ensuite.

Jusque-là, Mohammed Ali ne voulait rompre radicalement avec Istanbul. Mais le Sultan se déclarant lui-même comme le plus grand adversaire d'une relative indépendance des peuples, Mohammed Ali devait, de son côté, à nouveau et précisément redéfinir ses nouveaux rapports avec Istanbul. En conséquence, il devait réadapter son programme politique et militaire en tenant compte des dissensions et contradictions apparues. Bien que la situation de la politique mondiale, à ce temps-là, exigeait une décision de la Grande Porte sur son propre avenir, Mohammed Ali s'opposait à l'idée que le coup de grâce venait de sa part. L'opinion publique dans l'empire aurait tout à fait salué un tel tournant. Militairement, l'Egypte était à cause de sa forte armée égypto-arabe tout à fait en mesure.
Dans cette question Mohammed Ali, par contre, avait la tendance de freiner la roue de l'Histoire. Il aurait été plus sage de suivre le conseil d'Ibrahim pour supprimer la domination ottomane ou du moins l'endiguer fortement. Dans ce moment historiquement décisif, Mohammed Ali n'aurait pas dû hésiter à prendre la décision. Il avait offert au Sultan, une reconnaissance de sa de jure-souveraineté, et proposait qu'Istanbul et Le Caire devraient ériger l'Orient en un bastion qui serait inaccessible aux Grandes Puissances européennes. Ce plan mettait le Sultan devant le choix de ne plus regarder l'ex-général, Mohammed Ali, comme un sujet, mais comme un allié, et de reconnaître l'indépendance des états arabes sous le commandement égyptien, ou bien, d'incliner la tête devant les Grandes

Puissances européennes et d'accepter leur dictât dans l'espoir supposé de regagner son influence sur les territoires arabes.

Mohammed Ali était à même de se mettre à la place du Sultan et pouvait anticiper sa décision sur les alternatives d'agir qu'il avait : le déclin de l'empire ottomane n'étant plus à stopper, le Sultan pourrait accepter une réduction de son pouvoir et rester plus longtemps à la tête de l'empire. Mohammed Ali aurait misé sur le fait que le Sultan s'accommoderait finalement avec la nouvelle structure du pouvoir réale et accepterait une réduction de ses pouvoirs pour, en revanche, former un puissant front turco-arabe contre l'avancement du colonialisme européen. Devant cette option d'homme d'état bien réfléchie, Mohammed Ali se décida de donner à la Grande Porte une chance.

C'est alors que les choses se développèrent très vite - malheureusement contre l'attente optimiste et idéaliste de Mohammed Ali. Le Sultan avait utilisé la pause pour mélanger ses cartes à nouveau.

Mohammed Ali devait, à son âge avancé, avoir reçu la nouvelle avec une déception amère: le Sultan a préféré l'alliance diabolique. Les puissances européennes entrent sur le plan.

Ce développement Ibrahim l'avait vu venir. Il avait mis en garde son père contre « la tête de serpent à Istanbul ». Mohammed Ali espérait pourtant à un arrangement à l'amiable. Il aurait préféré une solution politique à une solution militaire. Non seulement la raison politique a perdu. L'Egypte qui était jusque-là à l'offensive se trouve maintenant dans la défensive. L'Etat arabe unifié qui était construit récemment est maintenant en danger réel. L'ironie amère de l'Histoire est alors que l'homme malade au Bosphoro (?) n'a pas seulement posé les conditions préalables pour le démantèlement de ce projet arabe, mais a également creusé son propre tombeau.

Déjà en 1831 quand l'Etat arabe unifié était à nouveau rétabli, les médias européens déployèrent une campagne d'une prétendue « Crise orientale ». Une grande alliance européenne sous le général prussien, Helmuth Moltke, devrait ensemble avec l'armée turque ramener la Syrie à nouveau dans l'Empire ottoman.

Mais même avec cette perspective, l'Empire ottomane n'était plus à sauver. Ce que le Sultan pouvait obtenir n'était qu'un court délai dans le déclin définitif de son Impérium.

Entretemps, le jeune Etat arabe unifié pouvait être démantelé par l'alliance ottomane-européenne. Après ce débâcle, même Istanbul est devenu le but de l'expansion européenne.

(22)

L'intégration de la Turquie dans la politique impérialiste

Au 19ème siècle, lorsque les Ottomanes devenaient toujours plus faibles, les colonialistes européens poursuivaient la politique d'appuyer les Ottomanes dans leurs guères contre les mouvements de libération pour que les deux forces s'épuisèrent mutuellement.

La collaboration des Ottomanes avec les Etats européens au démantèlement de l'Etat arabe unifié signifiait le début de l'intégration de la Turquie dans la politique d'expansion européenne et le véritable début de l'époque impérialiste.

Dans l'ensemble, les Européens n'étaient pas prêts à la coexistence pacifique et à la justice. La lutte des peuples pour la liberté et l'indépendance rencontrait un combat sanglant sans compromis.

Déjà en 1830, les Prussiens ont fait parvenir aux Ottomanes une très grande aide militaire. Des soldats allemands et des officiers venaient en Turquie sous la direction de Helmuth von Moltke. Un grand programme[6] de modernisation de l'armée turque avait été organisé.

---

[6] Les « Memoiren von Helmuth von Moltke », Berlin 1891

(23)

Le Traité de Sykes-Picot du 16 Mai 1916

L'Angleterre et la France se partagent le Monde parmi eux. L'Italie et l'Allemagne ne sont pas considérées. Egalement la Turquie, comme héritière de l'Empire Ottomane qui était en train de son déclin, est ignorée. Par des négociations qui commençaient en Janvier 1916 et dont les résultats étaient rendus publics par l'échange de lettres du 9 au 16 Mai 1916, le traité de Sykes-Picot a été achevé. Il est nommé selon les deux négociateurs Mark Sykes, pour l'Angleterre, et C.F. George Picot, pour la France.
Le Monde en dehors de l'Europe a été divisé en sphères d'intérêts. Les lignes des frontières ont été littéralement tirées par le linéal. Les cartographies ont été paraphées par les deux polito-géographes Sykes et Picot. Leurs gouvernements ont approuvé et ratifié les cartes géographiques. Les peuples concernés n'étaient pas demandés.
Le traité de Sykes-Picot était le projet que l'Angleterre et la France voulaient appliquer maintenant militairement par la force. A partir de là, c'est-à-dire, après l'imminente fin officielle delà (Première) Guerre Mondiale, l'Angleterre et la France ont conduit des guerres d'agression cruelles contre les peuples répartis, pour mettre réellement en application la cartographie de Sykes-Picot. Des états dépendants de l'Angleterre et de la France sont créés.

Aux régions d'intérêts principaux de la France était compté la Syrie. Pourtant la France n'avait absolument aucune présence en Syrie de laquelle elle pourrait dériver le droit d'avoir des revendications sur la Syrie. Le dictée anglo-français nommé le Traitée de Sykes-Picot devait aussi être imposé aux Syriens.

Le Traité de Sykes-Picot représente une grave atteinte à la paix internationale espérée après la guerre mondiale. Le droit à l'autodétermination des peuples fût piétiné. Dans aucun des cas, les peuples dans les zones respectives étaient demandés.

(24)

Le Congrès National général de Syrie

Durée du Congrès : du 03 Juin 1919 au 19 Juillet 1920
Egalement en Syrie, comme dans d'autres pays arabes, l'héritage de la civilisation arabe était et est restée très vivace. Comme dans d'autres pays arabes, les Syriens étaient, à cette époque, à un très haut niveau de progrès culturel, scientifique, technique et industriel. Depuis des siècles, des spécialistes arabes dans toutes les domaines étaient appelés en Europe, à des postes de professions éxigeantes, pour des activités académiques de l'enseignement et autres performances d'expertises.

Les Syriens ont escompté le danger venant de l'Europe. Ils ne voulaient pas échanger leur résistance, vieille de 400 ans contre le pouvoir ottomane, contre celle d'une agression française.

Les Syriens avaient bien compris, ce que voulaient rechercher les Européens avec leur traité de Sykes-Picot. Sur le papier, dans les archives et dans les livres d'histoire, le traité apparait comme un accord sur des lignes de frontières et des attributions de territoires. La réalité et la pratique montrent toutefois une autre image. Les peuples de la région ne voulaient aucune prise d'influence étrangère de quel côté qu'il soit. Le traité de Sykes-Picot aurait dû saboter ces aspirations. Ils n'ont pas seulement tirés des frontières pour des pays, mais également attribués ceux-ci à des états colonialistes. Par exemple, l'Irak était attribué à l'Angleterre et dans le même procédé, la Syrie à la France.

(25)

L'Attaque des Français sur la Syrie

Les Français assaillent la Syrie. Les Syriens avaient commencé à mobiliser leur propre potentiel. Dans toute la Syrie le peuple se soulève pour défendre sa liberté et la démocratie. La plus grande expression de son soulèvement culminait en la convocation du CNS, le Congrès National Syrien.

Même avant la moitié de l'année, les régions syriennes avaient élu les délégués des régions et des provinces. La convocation du CNS était l'expression de la volonté unifiée de tout le peuple syrien et de son aspiration à l'indépendance, à la liberté et à la démocratie. Le Congrès était très représenta-tif de tout le peuple.

En même temps avec les préparatifs pour le Congrès de la fondation du CNS, les Syriens ont déployé une grande campagne politique contre la menaçante agression française. Ils ont appelé à tous les Etats du monde en les priant d'envoyer des délégués pour participer à leur congrès CNS.

Il est évident que les Syriens avaient fait une analyse juste et précise de la situation du monde et de celle de l'Europe. La fin de la première guerre mondiale n'avait de validité que pour l'espace européenne. C'est là qu'elle devait être terminée pour la reprendre, sans merci, contre le reste du monde. L'emprise sur la liberté en Syrie par la France doit être empêchée. Dans ces circonstances, les Syriens devaient déployer d'intenses activités politiques pour défendre leur liberté si durement obtenue. Ils ont compté sur le fait que l'opinion mondiale sera le témoin de leur légitime espérance pour l'indépendance et pour leur souveraineté. Des invitations pour la participation au Congrès du CNS ont été envoyées à divers Etats avec la prière de participer aux séances du Congrès en tant qu'observateurs. Tout le monde était donc le témoin qu'en Syrie régnaient la liberté et la démocratie. Des Etats du monde de ce temps, y incluses les Etats Unies de l'Amérique, ont envoyé des délégations d'hôtes. Même le Président Wilson (1913-1921), qui, pourtant, n'était lui-même pas une colombe de la paix, avait envoyé des observateurs personnels. Le Congrès CNS siégeait donc sous une participation internationale représentative et sous une grande légitimation internationale en vertu du droit des peuples à disposer d'eux-mêmes.

Pendant un certain temps, le monde entier regardait sur la Syrie. Mouvementés par l'incertitude, comment l'Ouest allait réagir sur l'aspiration des peuples à l'indépendance, des pays qui étaient des participants au Congrès Nationale Syrien restèrent solidaires avec la Syrie. Ils ne pouvaient cacher leurs soucis. A basse voix, mais assez fort, ils voulaient dire : « Bas les pattes de la Syrie ! »

L'assemblée de fondation et les premières séances du Congrès National de Syrie ont eu lieu à Damas sous une large participation internationale. Avec un grand intérêt poursuivaient le public arabe et l'opinion mondiale l'évènement historique dans la capitale de la Syrie indépendante, libre et souveraine. La presse internationale a rapporté régulièrement sur le procès qui devait bientôt servir de stimulateur du développement en Asie et en Afrique.

La Charte du Congrès CNS avait été approuvée et a été soumise à la Société des Nations en fondation. Personne ne pouvait invoquer des raisons objectives et surtout ne pas mettre en doute que la Syrie était un Etat souverain, indépendant et démocratique. Derrière la Syrie étaient toute la région arabe et tout le monde pacifique et civilisé, mais surtout pas la barbarie européenne.

La Syrie ne devait pas avoir le temps de se réjouir de ses acquisitions historiques et politiques.

Immédiatement après la guerre mondiale, l'Angleterre envahissait l'Irak, comme si c'était un pays sans peuple et se demandait sur les raisons pour lesquelles elle y était tout à fait indésirable. En Syrie, la France a subi une massive protestation. Au lieu d'accepter l'offre d'amitié des Etats du Croissant Fertile par les Etats européens, ces derniers ont entamé des agressions des plus cruelles contre la Syrie et l'Irak.

Avant l'agression de la France, la Syrie était devenue indépendante de la domination ottomane par la résistance héroïque de ses habitants. La Syrie était libre. Ce fait n'est normalement pas mentionné dans les livres d'Histoire de l'Europe. Il est suggéré que l'Angleterre et la France auraient été attribués l'héritage de l'empire ottomane à la table de négociations. Et que cette attribution était paisible. Personne n'y était dérangé et aucun ne se plaignait contre cela. Dans le livre européen est écrit que : « la Syrie incombait à la France «. (!)

La grande guerre en Europe a été terminée en 1918. La France a alors détourné vers la Syrie les troupes qui combattaient contre l'Allemagne. Les Syriens se sont opposés héroïquement, mais toutefois dans une lutte avec beaucoup de pertes. La résistance syrienne avait épuisé la France à tel point qu'elle devait appeler l'Angleterre à l'aide. La dernière posait la condition pour son aide de réviser le traité de Sykes-Picot, ce qui n'était d'abord pas accepté par la France. Toutefois, elle devait s'incliner. Etant donné que la France-même avait un intérêt à de rectifications de frontières en Europe, les deux Etats négocient à nouveau.

Suite à l'invasion prussienne en France, en 1871, les victorieux ayant attribué la région de l'Alsace-Lothringue à l'empire de l'Allemagne, la France se rappelle, en 1918, des territoires perdus, et voulait alors récupérer ces régions.

Le pacte de Versailles qui était négocié pratiquement seule entre l'Angleterre et la France et était décidé entre eux, stipule dans ses parties II et III, la soumission de la Syrie sous la France et de l'Irak sous l'Angleterre. Les frontières de la Syrie et de l'Irak sont en plus définies uniquement par l'Angle-terre et la France, selon leurs internes négociations. Maintenant, ils veulent modifier leur propre traité de Sykes-Picot. D'après leur volonté, la géographie du Monde arabe devrait suivre les intérêts purement européens.

Les frontières historiques des deux Etats voisins, de la Syrie et de l'Irak, ne sont pas considérées. Etant donné que la région frontalière possède une richesse minière, en particulier du pétrole, il y aurait pu avoir des conflits entre la Syrie et l'Irak après leur indépendance. Grâce à la circonspection des gouvernements des deux pays, une telle situation et une guerre arabo-arabe pouvaient être évitées. Une guerre irako-syrienne n'a jamais eu lieu.

En 1918, la France avait retiré ses troupes de l'Allemagne pour les déployer contre la Syrie. Le peuple syrien sûre de soi-même et courageux avait fait une résistance héroïque contre l'agression française et a chassé les envahisseurs. La France ne respectant pas la volonté de liberté des

Syriens, a cherché l'appui militaire de l'Angleterre. La dernière demande pour cela un haut prix : que la France renonce à la région riche en pétrole, Mosul et Kirkuk. Ces régions qui étaient traditionnellement syriennes, devaient être attribuées à l'Irak. De cette manière, elles sont tombées sous l'influence anglaise.

La France alors se mobilise contre la liberté. Dans une guerre d'assaut, elle occupe Damas. Les délégués du Congrès sont arrêtés et la plupart peu à peu exécutés.

A la volonté de résistance du peuple syrien, la France répond par des destructions massives. Elle agresse ce jeune Etat arabe souverain par une grande mobilisation. Elle n'a pas le courage de risquer une confrontation à terre avec les Syriens.

Comme récompense pour Mosul et Kirkuk, l'Angleterre met à disposition de la France sa propre force de l'air, la RAF (Royal Air Force).

Maintenant a eu lieu la plus grande et première guerre aérienne de l'Histoire de guerre.

Dans la guerre de destruction contre la Syrie, la France recevait l'appui de l'Angleterre. La France bombarde des humains et des biens culturels. Jusque -là, la France ne possédait pas une propre armée de l 'air. C'est l'Angleterre qui lui mettait sa RAF (Royal Air Force) à sa disposition.
Pour ça, l'Angleterre recevait la plus riche partie de la Syrie, Mosul et Kirkuk, attribuée en tant que région d'intérêts. Pendant que la Syrie, en 1920, ne pouvait pas avoir un seul avion et surtout pas des fusées de défense antiaériens, la France et l'Angleterre ont conduit des bombardements à grande échelle contre la Syrie. C'était un massacre de masse contre un peuple paisible. Les humains étaient sans protection sous la criminelle pluie des bombes. Les deux Etats, l'Angleterre et la France ont rapporté leurs crimes sanguinaires, comme victoire.
La guerre aérienne contre la population civile de la Syrie compte parmi les plus grandes crimes de guerre de l'Histoire.

Les guerres de la France contre la Syrie et de l'Angleterre contre l'Irak étaient planifiées dès le début et menées comme des guerres de terroristes : des commandos de destruction d'installations publiques de l'approvisionnement, la contamination des réservoirs d'eaux, et la suspension forcée de la production d'aliments. Quand l'Angleterre et la France ne pouvaient pas mettre des installations de production sous leurs pouvoirs et la transformer à leurs buts agressifs, ils les ont fait sauter méthodiquement.

Des armes que la France n'avait pas utilisées contre l'Allemagne, apparaissent maintenant des arsenaux. De ces armes la France n'avait pas fait usage contre l'Allemagne pour défendre son propre pays. Maintenant, elle les utilise contre le paisible peuple syrien pour la mettre sous des bombardements horribles. Des régions de l'habitat sont en flammes. Des villages syriens entiers sont réduits en cendres.

Malgré tout, les Syriens n'ont pas capitulé un instant devant la terreur française et les criminels de guerre. Au contraire, ils ont intensifié leurs forces de résistance.

La France a commis des massacres dans les villes et dans la campagne. Des patriotes et des intellectuels étaient publiquement exécutés. La Syrie était plongée dans un bain de sang. Ces crimes de guerre, la France les célébrait avec des orgies de victoire affreuses.

Pendant que les barbares européens plongèrent la Syrie riche de traditions dans un bain de sang, les peuples de tout le Sud se solidarisent avec ce peuple mis à rude épreuve. Des combattants de liberté des pays voisins venaient en toute hâte à l'aide des Syriens tourmentés.

Par analogie avec la France, l'Angleterre a commis depuis 1920 des massacres collectifs contre le peuple irakien. La RAF (Royal Air Force) a soumis l'Irak à des bombardements à grande échelle. La résistance arabe contre les envahisseurs européens était très forte. Des combattants volontaires devaient entreprendre de longues marches durant des jours entiers à travers le désert syrien et par une chaleur accablante, pour combattre solidairement aux côtés des Syriens et Irakiens.

Ici sera utilisé pour la première fois l'armée de l'air comme moyen de combattre la résistance et pour déjouer la solidarité des combattants qui se déplacèrent souvent à pied. Le gouvernement anglais donnait l'ordre à la RAF, de bombarder aussi la Syrie aux côtés de la France. Les pilotes de la RAF ont rattrapé les hommes dans le désert syrien, pour pouvoir les tuer à proximité immédiate. Des antiimpérialistes volontaires qui étaient depuis des journées en marche vers la Mésopotamie sont liquidés physiquement depuis l'air. Malgré tout cela, les combattants de liberté qui avaient une formation humaniste ont trouvé des chemins détournés où ils étaient à l'abri des avions, et ils pouvaient ainsi secourir les peuples souffrants.

En 1920, la France a mené le massacre de Maysaloum qui avait couté la vie à des masses d'humains. Les émeutes syriennes devaient essuyer un revers. Beaucoup de personnes sont morts, mais la volonté de la liberté ne mourrait pas.

Jusqu'en 1946 a duré la suprématie de la France sur la Syrie. Dans la résistance contre les visées impérialistes de la France, le peuple syrien a fait d'innombrables sacrifices. Pendant trois décennies, les Syriennes et Syriens ont combattu en front uni, avec fermeté, et logique conséquence, jusqu'à ce qu'ils ont imposé leur indépendance, en 1946, après une longue et dure résistance.

(26)

La Syrie libre, indépendante et souveraine est solennellement proclamée

L'Etat libre, indépendant et souverain de Syrie, avec une Assemblée constitutionnelle, a été conquis en 1946 par une haute lutte et une résistance pleine de sacrifices du peuple syrien. En 1946, la République syrienne a été proclamée.
De 1946 jusqu'en 1958, il y avait de fréquents changements de gouvernement avec des Présidents de l'Etat se relayant l'un avec l'autre.

En 1958 jusqu'à 1961, la Syrie et l'Egypte se sont réunis en la RAU, la République Arabe Unie.
Depuis 1963, le Partie « Al-Ba'ath » gouverne en Syrie.

En 1963, il fait l'entrée au gouvernement.

Octobre 1970 : Par un putsch militaire, Hafez Al-Assad devient Président de l'Etat. Le Partie Al-Ba'ath continue à gouverner.

17.07.2000 : Après la mort de Hafez, son fils, Béchar Al-Assad a pris la succession de son père. Réélection en 2007 pour un autre mandat de 7 ans.

La grande participation de réélection et le grand nombre de votes pour Béchar Al-Assad n'ont pas laissé de signes qu'une opposition remarquable existait contre le Président de l'Etat que l'on aurait pu interpréter comme un avant-coureur d'une rébellion. Les provocations depuis Mars 2011 étaient combativement aussi offensives que leurs représentants n'auraient certainement pas eu de raisons à se cacher pendant les élections de 2007.

Mars 2011 : début des émeutes en Syrie.

Il va de soi que le Partie Ba'ath a une opposition à l'intérieur de la Syrie. Une honnête et légale opposition est tout autre que les provocateurs inhumains qui, en 2011/12, procédaient destructivement et agressivement contre le peuple.

(27)

La Syrie – Proie de l'Interventionnisme

Aperçu

1. Introduction
2. Les Scénario se ressemblent
3. Pénétration
4. Infiltration
5. Guerre de propagande
6. Recrutement
7. Despérados
8. La guerre subversive de l'impérialisme
9. La Syrie en tant que victime
10. *Divide et impera*
11. La Syrie, victime de l'interventionnisme
12. La Syrie, pionnière de l'unité arabe

Introduction :

Nous, les lectrices et les lecteurs, ainsi que l'auteur de ces lignes sont des témoins des agressions US-NATO contre l'Irak, l'Afghanistan, la Somalie, la Yougoslavie, le Pakistan et d'autres Etats et peuples. Ces agressions ont apporté aux victimes de ces guerres beaucoup de sacrifices et des misères. Le nombre des morts atteint des millions. Des acquisitions construites avec beaucoup d'efforts et des projets réalisés sont bombardés, des installations d'approvisionnement sont détruites, des mémoriaux culturels sont pillés ou détruits. Les constructions qui étaient remportées pendant de longues années et avec beaucoup d'efforts sont anéanties. Les peuples sont frappés par une régression dans le développement qui équivaut à des décennies. Il n'est pas un secret que l'Impérialisme n'est pas arrivé à sa fin avec son œuvre de destruction. Tous les jours, les médias nous rapportent des menaces contre d'autres peuples et Etats.

Toutes ces agressions sont représentées par les agresseurs comme aide aux victimes : comme instauration du droit humain, comme protection pour les minorités, ou bien comme élimination d'un seule homme à la tête de l'Etat, mais également d'autres faux prétextes ou prétentions sont nommées. Dans tous les cas, des raisons endogènes sont avancées.

Délaissées sont les maisons d'habitat détruites, des installations de production bombardées, des paysages en ruines, de la terre brûlée, mais le plus tragique sont les masses de morts.
Moins enregistrée, mais extrêmement dure est, en conséquence de l'agression, la décomposition des structures sociales et politiques. L'organisation intacte de l'Etat est totalement ou partiellement mise hors de sa capacité de fonction. Le pays tourmenté est déstabilisé. Sa reconstruction est handicapée. Les forces patriotiques qui avaient administré le pays jusqu'alors, sont remplacées par des gouvernements-marionnettes, qui ne s'intéressent qu'aux fonctions d'aide aux impérialistes. Ils sont portés au pouvoir par les canons des agresseurs. Ils règnent aussi longtemps que l'impérialisme est en position de les protéger.

Les Scénario se ressemblent. Les tragédies se répètent.
Si l'on regarde l'Histoire du 19ème et du 20ème siècle, on constate que l'impérialisme a changé ses stratégies actuelles par rapport à d'autrefois. Il déclare qu'il est toujours en position de détruire des pays, mais toutefois, ne pas les occuper pour longtemps. Vu la prise de conscience croissante anti-impérialiste, il essaye de légitimer ses interventions - sans doutes, en vain. En outre, il lui manque les moyens logistiques, en particulier assez d'hommes qui exécutent, pour lui, les agressions. Personne ne veut volontairement servir de chair aux canons.

La meilleure des choses serait, si les Etats impérialistes, les USA, l'Angleterre, la France, l'Allemagne, l'Italie et les autres états de la NATO reconnaîtraient que la paix et la justice n'ont pas d'alternative et qu'ils s'entraineraient donc à la coexistence paisible avec tous les peuples. Cette prise de conscience n'existe malheureusement pas.

Pour cela, l'impérialisme développe de nouvelles stratégies. Il met en scène ses interventions en tant que guerres civiles intérieures.
Ces stratégies ne sont pas très nouvelles. Elles sont aussi vieilles comme le colonialisme lui-même. Nouveaux sont seulement la modernisation et le rendement plus effectif de ces stratégies.
Les méthodes de l'interventionnisme deviennent plus subtiles, donc plus criminelles, inhumaines et plus hostiles envers les peuples.

La Pénétration

L'Impérialisme introduit dans le pays ciblé des escadrons de morts entrainés. Avec eux sont des armes légères. L'approvisionnement en armes lourdes va suivre. Leurs devoirs principaux sont des sabotages, des provocations, et servir de précurseurs pour l'approvisionnement en armes lourdes.

Des provocations sont commises contre un des groupes ethniques, mais la responsabilité est rejetée sur un autre groupe pour que des communautés populaires, qui vivaient toujours ensemble et à côté de l'une et l'autre dans la concorde, se retrouvent subitement en situation hostile envers l'un de ces groupes. Dans le pire des cas, il se développe une guerre civile, mais il faut invoquer que souvent, par la circonspection de groupes voisins, la situation est prise en mains, et l'escalade du conflit peut être évitée.

L'Infiltration

Comme résultat de la pénétration, il leur faut faire des refuges pour une infiltration plus large. Des forces plus fortes, conforme à la situation dans le pays, sont introduites. Elles sont équipées d'armes adaptées et elles se distribuent sur une grande échelle. Tout le temps, des armes légères et lourdes sont réinjectées. Depuis l'intérieur commence la guerre contre le pays durement éprouvé.

Pendant tout le procès de pénétration et de l'infiltration, une Low Intensity War est menée contre le pays ciblé. Viennent s'ajouter des blocages, des sanctions, des barricades de toutes sortes, des pénuries inventées et bien d'autres actions hostiles.

La guerre de propagande

A partir de ce moment commence la guerre des média contre le pays ciblé. Il est tout à fait évident, comment des média internationalement dominants s' intègrent dans le scénario de la guerre impérialiste, qui est menée depuis l'intérieur, et essayent de justifier l'agression impérialiste. Le New York Times, Washington Post, Financial Times, le Guardian, El Pais, NZZ, Süddeutsche Zeitung, BBC et CNN ne sont que des exemples pour beaucoup d'autres. Des intellectuels, des journaux- boulevards, des émissions digitales, les print-media, images et son collaborent à la guerre froide et chaude. Je cite un exemple typique des gros titres journaliers : « Ghaddafi tue son peuple ». Juste est : C'étaient des commandos anglais, français et US qui ont commis le massacre collectif dans la population civile libyenne, y incluses la famille Ghaddafi, ses enfants et ses petits-enfants, dans les années 2011/12.

Les scénario se ressemblent beaucoup. Ils sont signés par la même écriture. Le scénario, qui est tourné tout juste maintenant - en 2011/12 - contre la Syrie, n'est pas nouveau. Il était le même contre l'Irak, la Yougoslavie, la Somalie, la Libye et ailleurs.
Dans le scénario contre la Syrie se répètent des pratiques qui étaient déjà utilisées contre l'Irak, la Libye et ailleurs. Que cela a fonctionné dans un cas, ne doit pas se justifier dans l'autre.
Les guerres civiles prétendues par la propagande sont exogènes, et non pas endogènes. Des communautés de peuple qui, depuis des siècles et des millénaires vivaient en paix ensemble ou à côté de l'une et l'autre, pourquoi devront-elles subitement se combattre mutuellement. Les provocations sont menées dans l'intérieur d'un pays, mais elles sont dirigées et commandées depuis l'extérieur. Les malfaiteurs sont introduits dans le pays depuis l'extérieur.

Le recrutement
On peut se demander d'où l'impérialisme puisse recruter des hommes qu'il utilise comme outils pour mener des guerres contre un peuple qui lui n'a pas fait du mal.
Il y a des hommes *déclassés et marginalisés de tout genre qui sont la proie de l'exploitation, du pillage, de l'appauvrissement et de la paupérisation de l'impérialisme. Les uns se décident résolument pour la résistance anti-impérialiste. D'autres se laissent engager pour des buts agressifs et destructeurs. En grand nombre ils sont recrutés dans tous les continents. Nous nous gardons de prétendre que tous les paysans et prolétaires déclassés se laissent engager comme escadrons de mort. Ceux-ci sont plutôt la minorité, mais malheureusement assez pour des buts* impérialistes.

Desparados
Ce sont des forces dispersées, des hommes tombés de toutes les structures sociales, politiques et sociétales. En fin de compte, l'impérialisme les a déclassés. Ce sont des hommes qui ne se sont pas décidés pour la lutte anti-impériale, mais se sont enfuis de la pluie à la gouttière. Entretemps,

il existe un marché pour le recrutement de tels éléments pour la guerre contre les peuples, y inclus leur propre peuple.
Ce sont des criminels qui n'ont rien appris, sauf la tuerie.
Le premier engagement de ce type d'hommes était dans la guerre contre le gouvernement communiste en Afghanistan, qui régnait avec l'appui de l'Union soviétique et qui incitait à son intervention (1979-1982).
Ces légionnaires étrangers sont appelés par leur commanditaire les « Afghanis ». Ils ne sont pourtant pas originaires d'Afghanistan, mais ce modèle de la Pénétration et de l'Infiltration a été employé pour la première fois en Afghanistan. Depuis là, l'impérialisme appelle les escadrons de mort « Afghanis », même si leur terrain d'engagement n'est pas en Afghanistan.

La guerre subversive de l'impérialisme

L'impérialisme est égal à la guerre. Il ne connaît pas seulement une manière de guerre. Toutes ses formes de guerre ont en commun le mépris des peuples et le crime contre l'humanité.
La forme relativement nouvelle de la guerre subversive a été développée aux USA. Après la défaite dévastatrice des USA au Vietnam, les théoriciens de guerre US ont commencé à développer des types et formes de guerre qui provoquent aux victimes le plus grand dommage. Par lesquels, les USA peuvent réduire leur confrontation ouverte avec le peuple- victime. La guerre subversive est leur plus important modèle. Elle est conduite par des escadrons de la mort et par d'autres éléments subversifs. Le pays-victime est d'abord déstabilisé, miné et détruit.
Ironiquement, les USA y veulent jouer le rôle de spectateurs, d'observateurs et même d'arbitres. A cette occasion, ils créent le prétexte de l'intervention. Et c'est pourquoi, ce modèle s'appelle aussi « Interventionnisme ». Et cela dans des situations tellement différentes, mais toujours selon le même scénario.

La Syrie en tant que victime

Après le début de la mutinerie en Syrie, en Mars 2011, de tels tueurs professionnels ont été introduits en grand nombre. De nombreux escadrons de la mort ont été arrêtés par les Forces de la Sécurité syrienne. La plupart ne parlaient pas l'Arabe. Beaucoup d'entre eux ne savaient même pas dans quel pays ils se trouvaient.

Il saute aux yeux que la rébellion mise en scène a lieu dans de régions qui sont pour des activités politiques absolument inhabituelles. Ce sont des régions de zones excentrées, sans base et sans mouvements perceptibles venus d'en bas. Elles se situent dans le secteur frontalier d'états hostiles, les plus violentes à proximité de la Turquie qui habituellement aussi suscite des provocations contre la Syrie.

En revanche, dans l'intérieur syrien règne un relatif calme. Dans les universités, les écoles et dans les entreprises, où on discute de la politique avec vivacité, sont exprimés librement des opinions pro et contre – d'un soulèvement il ne saurait en être question. Dans les régions d'habitat existent des relations de bon voisinage. Surtout en Syrie la conscience patriotique est fortement exprimée. La critique politique est manifestée en solidarité. Le peuple est solidaire. Le danger existe exclusivement par des escadrons de mort et des commandos qui viennent de dehors dans le pays, ce qui amène le peuple à la vigilance. Quand il est question de la sécurité de la Syrie, de possibles contradictions dans la politique de l'Etat sont remises à plus tard.

L'ennuis et la rage du peuple se dirigent contre la violence des escadrons de la mort.

Ce sont justement les activités criminelles de la soi-disant « opposition », qui confirment qu'elles sont exécutées par des éléments hostiles qui étaient introduits dans le pays. Pas moins frappant sont les attentats contre des installations de l'approvisionnement et la massive violence contre les forces qui servent le peuple.

Les provocateurs s'introduisent clandestinement dans la Syrie portant avec eux des armes légères et lourdes et tirent furieusement au hasard et tuent des hommes pacifiques et des familles entières. Ils lancent des roquettes et des bombes sur des installations d'approvisionnement et des boulangeries. Leur but est de faire tomber la Syrie dans le chaos et de la préparer pour l'invasion de la NATO. Ce scénario est déjà bien connu. Il est identique aux préparatifs pour l'intervention en Somalie, en Yougoslavie, en Afghanistan, en Irak et en Libye. Ce sont tous des Etats qui étaient alors portés par leurs propres peuples et se réjouissaient de la coexistence pacifique avec leurs états avoisinants.

Les provocations contre la Syrie sont excessivement appuyées par les médias impérialistes, y inclus al-Jazeera et al-'Arabiyya. Les attentats et les crimes collectifs sont attribués au régime syrien. Cependant le travail de l'Information syrienne pouvait prouver que les crimes contre le peuple syrien étaient commandités de dehors.

Contexte historique

L'Irak, la Yougoslavie, la Somalie, la Lybie, l'Afghanistan, le Pakistan, le Nicaragua et d'autres pays sont des victimes de guerres impérialistes, qui sont suggérés comme des guerres civiles, dans lesquelles l'impérialisme se retranche d'abord dans l'arrière- pays. Dans tous ces cas, ça n'a pas duré longtemps jusqu'à ce que l'impérialisme, - les USA, l'Allemagne, la France, l'Angleterre, et la NATO - se mettait en avant avec toute sa brutalité, son absence de scrupules et sa laideur.
La capacité des escadrons de mort et des légionnaires étrangers est limitée. Leurs fonctions ne se limitent pas à conquérir le pouvoir, mais à la préparation de la directe intervention impérialiste.

Regardons-nous la politique, l'économie et la société des pays harcelés desquels nous avions mentionné quelques exemples : ce sont dans tous les cas des pays, qui avaient une gouvernance d'état indésirable pour l'impérialisme. Ce dernier croyait qu'il devait les détruire pour y pouvoir imposer ses intérêts.
Un cri pousse pourtant au ciel : Tous ces pays nommés avaient pendant des siècles et des millénaires une histoire paisible derrière eux. La p*aix régnait à leur intérieur et à l'extérieur.*
Historiquement, des communautés populaires vivent ensemble en paix. Des relations de bon-voisinage caractérisent les rapports à l'intérieur ainsi qu'avec les pays voisins. Subitement, des paroles de haine et de séparatisme sont prononcées. Cela se passe tout d'un coup, pas seulement dans un cas unique et non pas dans un seul pays, mais de façon stéréotypée.

Divide et impera

Comment se ressemblent les scénario ! Les stratèges impérialistes ne savent pas d'autres choses que de fomenter les peuples et des communautés religieuses les uns contre les autres. C'est triste que cela fonctionne, mais pas partout, p. ex. en Egypte. Il serait très beaux, si tous les peuples se souvenaient de la tradition antérieure des relations de bon voisinage, de tolérance et de l'amitié entre les peuples et s'opposeraient à la politique impérialiste *divide et impera.*

La Syrie – Victime de l'Interventionnisme

La Syrie était et reste un pays socialement et politiquement stable. Elle ne s'est pas inclinée devant le diktat de l'impérialisme ni de celui du sionisme. Malgré tout, elle prenait toujours une attitude conciliante et était prête à des concessions.

Lors de l'effort de l'impérialisme pour déstabiliser la Syrie, celui-ci a rencontré la sympathie des oligarchies du pétrole arabe. La communauté d'intérêts entre la NATO et les princes du pétrole régne seulement par le pouvoir des armes destructives et non pas par une volonté du peuples à quelque part.

La Syrie est entourée de régimes exclusivement réactionnaires dépendantes de l'impérialisme : Au Sud la Jordanie monarchiste, les oligarchies de l'Arabie Saoudite, le Qatar et le Kuwait, à l'Est l'Irak qui est gouverné par des marionnettes qui ont été placées à la tête du gouvernement par les baïonnettes de la NATO, au Nord, l'état de la NATO, la Turquie, et à l'Ouest et au Sud l'état sioniste Israël. Tous ces régimes ensembles, avec l'impérialisme, sont unis dans leur hostilité contre la Syrie avec l'intention de la déstabiliser et de la décomposer.

La Syrie – Pionnière de l'Unité Arabe

Rien ne peut faire plus de peur à l'impérialisme que l'unité des peuples. Le fantôme qui l'inquiète jours et nuits, c'est l'unité arabe.

L'unité arabe est très fortement ancrée dans les peuples de la région. Elle est empêchée par des dirigeants locaux qui ne songent qu'à leurs propres avantages égoïstes. Ils forment sans scrupules une communauté d'intérêts avec l'impérialisme et avec la NATO. Les toutes premières sont les sept familles qui règnent sur l'Arabie, c. à-d. le territoire entre la Mer Rouge et le Golfe Arabique. Par cette oligarchie, la plus riche région du monde est devenue un paradis de pillage pour l'impérialisme.

(28)

La Syrie moderne

Après la mise à la porte des Français par la Syrie, la réalisation de l'indépendance politique et l'épanouissement de la liberté nationale, la Syrie a réalisé rapidement de très grands progrès dans tous les domaines de la science naturelle, de la technique, de la culture, et de la littérature. Elle s'est jointe à la Ligue des Etats Arabes qui était déjà fondée. Elle appartient aux premiers membres à part entière des Nations Unies. Elle a lancé un programme d'urgence pour arabiser les études scolaires, la langue des hautes études, de l'administration et de la vie publique.

La Syrie moderne possède un haut standard d'études et de formation. Un haut pourcentage de la jeune génération ont fait des hautes études ou une formation de spécialisation. Le quota de l'emploi est très haut. Femmes et hommes sont traités d'égale à égale et sont entièrement intégrés dans la société et dans la vie sociale.

Dans la santé et l'approvisionnement sociale, la Syrie remplit les conditions qui sont demandées d'un état moderne et couvrent tous les strata de la population.
La Syrie vit en autarcie et n'a pas de dettes.

(29)

Damas (II)

Damas aujourd'hui

L'urbanisation, la fuite de la campagne, vers les grandes villes et le croissant trafic automobile sont devenus pour la capitale syrienne une grande nuisance.

Medineh el-qadimeh

La vieille ville de Damas est branchée, sans protection, à la structure de la nouvelle ville avec ses embouteillages et sa pollution. Elle est séparée seulement par une route très fréquentée qui longe, entre la vieille et la nouvelle ville.

La « Route droite » forme l'axe Est-Ouest de la capitale. Venant de la vieille ville, elle passe par le mur de la ville et débouche ainsi dans le réseau très dense du trafic. Les conséquences sociales du trafic ne pouvaient donc pas être évitées. En général, aux croisements de rues s'ensuivent une concentration d'immobiliers commerciales et un accroissement public. Le service public et le mouvement privé suivent. Un mixage de voitures publiques et privées se concentrent devant, en dedans et vers la porte de l'Est. En plus vient l'encombrement des piétons et des passants. La régulation du trafic dépend moins de l'application et de l'observation du code de circulation, que de la spontanéité de tous les automobilistes qui doivent réagir rapidement sur la situation momentanée du trafic. Un trafic d'une tellement haute densité représente inévitablement une nuisance pour le monument archéologiquement, historiquement et esthétiquement important.

L'héritage culturel unique dans tout le monde de la capitale syrienne nécessite une profonde rénovation. Au vu des problèmes de l'urbanisation, de la nuisance des automobiles et de l'explosion du trafic, les experts de politique du trafic, les sociologues de communications et les planificateurs urbains ont soumis des concepts qui focalisent sur un redressement générale de la capitale : des routes de contournement, l'élargissement du réseau routier et le transfert du trafic routier sur les grandes axes sont en train d'exécution. Les croisements des grandes-axes doivent être localisés en dehors des zones d'habitat.

La « Route droite », le mur de la vieille ville et ses sept portes sont toujours un héritage culturel unique dans tout le monde, et doit être conservé. En tant que zones de piétons, il gardera son originalité et impressionne par l'accumulation des époques successives.

Une profonde révision de la politique du trafic de la « Medineh qadimeh » doit prendre en considération beaucoup d'aspects et d'intérêts contradictoires.

La structure de |a vieille ville se base sur |a séparation de la zone d'habitat et la région de l'artisanat.

Cette répartition principalement sensée est devenue, dans l'entretemps, obsolète. La capacité limitée du territoire correspondant est devenue insuffisante à cause de l'arrivée largement disproportionnée. Aucun plan de redressement pourra faire justice à toutes les exigences de toutes les parties et les satisfaire. Certains intérêts doivent être sacrifiés à une nécessaire rénovation. La population doit dans tous les cas avoir la priorité absolue. Pour elle, des institutions de scolarisation, sociales, de l'approvisionnement médical et des possibilités et zones de villégiatures et loisirs à proximité doivent être mises à disposition.

Avec tout cela, la démolition de très anciennes constructions à caractère historique doit en tous les cas être évitée. Mais, comment peut-on mettre à exécution un plan de redressement dans un Damas plein d'héritages culturels couvrants toutes les époques de l'Histoire ?
Seulement d'il y a peu de temps, en l'an 2000, lorsqu'en creusant un tunnel sous la route de l'extérieure, un château historique du temps des Ayyoubides (1171-1259) a été mis à jour.
Des constructions traditionnelles, des installations religieuses, des édifices culturels, le Souk el-Hamédieh et beaucoup d'autres, feraient, à cause de leurs mérites de conservation, toute planification pour la rénovation, même génialement bien réfléchie, presqu'impossible. D'autres empêchements dans le chemin d'une radicale révision sont l'afflux des hommes de partout, le trafic des visiteurs, ainsi que la touristique. Aucun service administratif de planification pourra passer outre ces déterminants. En ce qui concerne la préservation selon les critères de l'estimation des mémoriaux archéologiques, les experts de l'Etat syrien font leur maximum.

L'UNESCO a reconnu en l'an 1979 la vieille ville de Damas comme un mémorial culturel mondial.

Il est toutefois nécessaire de réaliser des plans de développement de structures pour augmenter l'attractivité de lieux dans la campagne, dans les régions désertiques et de la périphérie, qui sont à même d'agir contre la fuite de la campagne, qui aura comme résultat d'attirer des hommes des grandes villes vers la campagne. Le procès de l'urbanisation se renversera dans le sens inverse.

Comme proposition ultérieure soit mentionnée la « Décentralisation ». La concentration d'organismes étatiques n'est pas une nécessité. Des Ministères et des autorités administratives doivent être distribués sur les provinces.

Le Souk el-Hamédieh

La plus ancienne rue commerçante dans le monde pour faire des achats est située aujourd'hui dans l'ancienne ville de Damas. Elle était toujours une zone pour les piétons. Il est difficile de se décider pour une visite d'un magasin, et si, mais en suppléante de quelqu'un d'autre.

Moi, je me suis décidé pour un magasin, qui montrait une variété de produits artisanaux: la précision et la fascination m'intéressaient. Nous, le propriétaire du magasin et moi, parlaient de la philosophie, de l'histoire, de la littérature et de la culture, de la politique universelle et locale. Egale, quel thème nous avions abordé, la conversation entre nous deux a complètement éclipsé l'intérêt commercial. Il me semblait, que je m'asseyais dans un colloque scientifique. Quand je m'arrêtais sur un point, le commerçant y continuait. Je dressais mon oreille. Ses mots étaient très sages en particulier en ce qui concerne le rapport entre la théorie et la pratique. Je devais admettre que l'intérêt purement académique était une attitude d'indélicatesse.

Le thé et le café sont servis plusieurs fois.
La conversation durait des heures, le commerce des minutes.
Ça, c'est le Souk el-Hamédieh.

– L'argent ne joue pas de rôle, mais
l'argent n'est pas tout
le commerce et la culture sont complémentaires.

Le couronnement de ma visite était la visite consécutive de la mosquée des Omayyades. Elle est située à la fin du Souk el-Hamédieh. Quelle fascination : de piété et de l'architecture, de l'esthétique et de la spiritualité. Des hommes qui prient, d'autres qui sont assis en cercle et discutent. Lorsque je m'arrêtais chez un groupe de « Dikr », j'étais saisi comme par une onde électro-magnétique. Cette musique d'une manière méditative particulière m'a bouleversé. Je ne voulais plus parler. En silence, je marchais entre colonnes et niches. C'était une expérience magnifique de sincérité profonde et de paix. Je suis happé par une onde de respect et de recueillement contemplative.

La randonnée par l'ancienne vi||e de Damas est un voyage historique à travers le temps. L'Histoire à long-terme que nous représentons verticalement dans le temps, est à Damas horizontale. Ce n'est pas seulement l'accumulation d'époques historiques, pendant des siècles, et leur patrimoine culturel, mais aussi |e fait que l'Histoire y est vécue. L'Histoire y est le Présent, et vice versa.

(30)

Qui sont les Arabes ?

A présent sont réunis 22 Etats Arabes dans la « League Arabe, » la plus ancienne Organisation internationale existante.

Il serait trop écourté de répondre à la question « Qui sont les Arabes ? »: qu'ils soient les citoyens des Etats de la League Arabe.

Pour élucider la question qui seraient les Arabes nous répondons d'abord à la question plus simple, « ce que les Arabes ne sont pas ». « Les Arabes », ce n'est pas une dénomination ethnique. Naturellement, il y a des Arabes qui se comprennent comme ethniques. Ceux-ci sont toutefois une minorité, qui habite sur la Péninsule arabique. Egalement dans d'autres pays arabes, beaucoup de gens ramènent leur ascendance à une expatriation de l'Arabie, par contre on n'approche pas du tout à l'image que les Arabes d'aujourd'hui se donnent, si on voulait les définir ethniquement. Mais, qu'il y a des « Arabes » qui ne se définissent pas ethniquement comme des Arabes, ne pourra personne sérieusement contester.
Autant que moins, que quelqu'un pourrait contester que la plus grande religion mondiale était fondée par un prophète arabe. Mais aussi dans le VT, il y a beaucoup de prophètes arabes (p.ex. le livre de Hiob dans le VT, et Paul avec ses épîtres dans le NT). Egalement dans d'autres points de vue, les Arabes avaient donné et donnent encore une importante contribution à l'existence et au développement de la civilisation mondiale. Ce sont des réalités que personne ne peut ignorer sans contestation. Il doit donc y avoir une définition fixe qui correspondrait à l'image qu'il se donne l'Arabe et qui est justifiée. La grande communauté des Arabes était plutôt fondée sur leur sentiments d'union, que par une descendance ethnique commune.

Le monde arabe est le berceau de l'humanité. Il est la plus ancienne région durablement habitée du globe. Il réunit les cultures égyptienne, araméenne, assyrienne, babylonienne, summérienne, akkadienne, hithienne, jémenite, africaine, asiatique et beaucoup d'autres cultures. Pendant les ondes de persécutions en Europe (pendant l'inquisition, les « poursuites des sorcières », les « reconquista » et les croisières), des Européennes et

des Européens se sont réfugiés dans le monde arabe et étaient ainsi sauvés. Egalement ceux-là se sentent et se définissent en tant qu'Arabes. Le monde arabe réunit les religions de l'Islam, le Christianisme, le Judaïsme et beaucoup d'autres petites et grandes religions.
Oui, aucune autre région du monde réunit tant d'ethnies, des communautés de croyances et de cultures comme le monde arabe.

Les peuples de la région mondiale arabe étaient les premiers qui ont reconnu - bien des siècles avant l'UE - l'absurdité du morcellement du territoire en petits Etats (« Muluk at-Tawa'ïf) et admettaient l'avantage, même la nécessité, de plus grand regroupements. Ils ont décidé la formation d'une plus grande communauté, dans laquelle le moral de liberté, la liberté du mouvement, l'échange d'intérêts, d'idées, de culture et des marchandises pouvait se faire sans problèmes ni empêchements.
C'est pour cela que les conquêtes arabes étaient nommées « fath », c.à-d. s'ouvrir mutuellement, se rattacher, se confluer. L'expression « conquêtes arabes » est une construction de mots européenne qui ne satisfait pas aux faits historiques de l'Histoire arabe. Avant les « conquêtes arabes » qui ont commencé en 634 a.C., les pays arabes étaient par la domination étrangère romaine et byzantine, démorcellés, isolés l'un de l'autre et mutuellement fermés. Les armées arabes, avec l'appui de la population autochtone, avaient rouvert chaque fois les frontières et la liberté de nouveau instaurée.
Depuis des siècles, l'espace arabe était devenu par sa culture de tolérance un creuset des différentes ethnies.
Par son attractivité variée, il attirait, en son temps et aujourd'hui encore, des hommes et des groupements de personnes du monde entier. Egalement ceux-là sont depuis longtemps intégrés. Ils parlent l'Arabe et portent des noms arabes. Ibn-Haldoun écrivit, il y a 600 ans: « Des généalogies sont une illusion ».

Les femmes arabes et Arabes d'aujourd'hui indiquent avec fierté la longue et vénérable tradition qui est portée par la culture de tolérance, par un codex de moral et des valeurs qui augmentent la qualité de vie des hommes et expriment ce que veut dire être un humain. Mais c'est aussi ce codex important qui veille pour la stabilité et la paix intérieure de la région et qui garantit l'amitié entre les communautés différentes. Avec ces idéaux de valeurs morales comptent la générosité arabe, connue dans tout le monde, l'hospitalité, l'estime et le respect de l'étranger, comme l'expression du respect de soi-même. Déjà les plus anciens rapports

de voyageurs de l'antiquité parlent avec une grande admiration de la xénophilie, de l'amour, du respect et de l'impartial et cordial accueil de l'étranger.
Le prochain, c'est le plus loin. Il ne suffit pas d'aimer ton prochain. Il importe d'aimer le plus loin et le plus étranger, comme toi -même, de l'accueillir et de le servir avec hospitalité. Le codex des valeurs et des normes était très tôt formulé - d'abord régional, dans les espaces de vie et culture arabes. Les codex sociaux et étiques locaux se complétaient mutuellement. Un ordre des valeurs importants prenait forme déjà dans un temps d'avant l'écriture. Il est le codex moral le plus ancien qui nous est connu de l'Histoire de l'humanité, duquel résultent les idéaux d'éducation et le contenu de formation que les enfants arabes d'aujourd'hui apprennent très tôt, comme leurs ancêtres, avant des millénaires.

Sur le terrain du monde arabe sont issues les grandes religions monothéistes, parmi d'autres, le judaïsme, le christianisme, et l'islam, les communautés desquelles se comprennent comme continuation, du temps de leur fondateurs. Depuis le monde arabe, se propageaient celles-ci et d'autres religions dans le vaste monde. Tout homme sous l'orbite de la lune a une partie de l'héritage arabe dans sa culture. Beaucoup de confessions qui étaient persécutées dans l'imperium romanum et plus tard par Byzance, parce qu'elles n'appartenaient pas à l'église de l'imperium, se sont réfugiées dans les régions arabes et ont pu survivre jusqu'aujourd'hui, autrement elles seraient devenues les victimes, - comme beaucoup d'autres qui ne se réfugiaient pas à temps - de l'inquisition, des croisières, et de la reconquista. La langue de ces communautés est maintenant l'Arabe. Beaucoup de religions animystiques avec des idéaux hautement philosophiques, culturels et éthiques, pouvaient résister à la mission européenne qui accompagnait le colonialisme. Ces formations de croyances vivent aujourd'hui avec leurs cultes sur le terrain de la région arabe, p. ex. au Soudan. Aucune autre région du monde réunit tant de légendes, des traditions culturelles et des communautés de croyance, comme l'espace arabe. - Contrairement aux préjugés et aux images de cliché encore très répandus en Europe, la traditionnelle culture de tolérance était déjà depuis toujours un signe caractéristique du monde arabe.

Les Arabes se définissent donc ni ethniquement ni religieusement, mais nous n'en sortirons pas sans une définition plus proche, qui justifie le sentiment d'union des hommes arabes.

L'intégrité de la grande société orientale se justifie et s'habilite historiquement. On doit naturellement remarquer que l'orientalistique européenne a construit un image faussé de l'Histoire. C'est pour cela, que nous nous sommes imposés le devoir de la révision de l'Histoire.

Nous jetons un regard en arrière de l'Histoire. Les trouvailles archéologiques parlent un autre langage. On peut les remonter jusqu'à des millénaires a.C. Des motives qui sont trouvés en Egypte se trouvent également au Sud dans toute la vallée du Nil et jusqu'à l'Afrique restante, à l'Est, en Syrie, Mésopotamie et jusqu'au Hindustal et sans de s'en arrêter là, à l'Ouest, ils sont présents dans toute l'Afrique du Nord. A commencer avec la peinture rupestre et le dessin murale, et en continuant avec les pots en terre cuite, de la céramique, des ornements, de l'architecture jusqu'aux traditions quotidiennes. Les preuves se répètent et qui témoignent déjà d'une unité culturelle « préhistorique » de la grande communauté orientale des peuples. Le noyau de cette grande société est le monde arabe d'aujourd'hui. L'unité culturelle est, de son côté. l'expression des liens étroits sociales, politiques et d'abord humaines. C'est seulement dans sa grande extension que la région est économiquement intégrée dans son sentiment d'union et d'unité.

Si nous faisons, depuis notre position actuelle, un regard en arrière dans l'Histoire, nous constatons qu'il se formait, dans des millénaires d'années, une large société d'unité et
d'accordance dans la vaste région depuis l'Atlantique jusqu'en Asie moyenne. Elle se constituait pas seulement depuis les conquêtes arabes dans le 7ème siècle après C., comme on le croît souvent, mais au contraire, ces conquêtes avaient trouvé sur place cette unité culturelle et le sentiment d'unité sociale qui existaient depuis toujours dans la région, et elles les ont consolidés et renforcés.
Pendant la domination étrangère romaine et byzantine, les peuples de l'Orient et de l'Afrique du Nord ont lourdement souffert sous la domination étrangère de 700 ans (depuis 30 avant C. jusqu'à 634 après C). Les conquérants arabes étaient reçus par les habitants chaque fois comme des libérateurs. Ils rétablissaient une situation qui existait déjà toujours avant les romains. Nous possédons suffisamment de documents-texte de contemporains non-musulmans (p.ex. du Patriarche Benjamin d'Egypte, de Jean de Nikios et de Jean de Damas) qui décrivent les conquêtes arabes comme libération des cruelles persécutions byzantines. Les armées arabes conduisaient la guerre exclusivement contre les despotes étrangers et,

dans aucun cas, contre la population indigène. Autrement, serait la rapide progression militaire, pas explicable. Il n'est donc pas étonnant que les conquêtes arabes étaient ressenties comme libération par les peuples de ces pays.

Contrairement à l'opinion répandue dans l'enseignement, nous constatons que: les conquêtes du 7ème siècle n'ont aucunement fondé la grande unité orientale, mais elles l'ont retrouvée, une qui existait déjà avant, et l 'ont fortifiée et lui ont rendu la capacité de résistance. Nous constatons que : l'unité culturelle du monde arabe n'est pas le produit des conquêtes arabes de 634-700 après C. mais celles-ci ont rétablit et fortifié la grande unité orientale, qui avait été affaiblie par l'imperium romanum. Leur unité et leur fermeté n'étaient pas inventées, mais retrouvées, renforcées et approfondies.
Il va de soi que les Arabes de la Péninsule et le Califat avaient contribué beaucoup à l'uniformisation des peuples arabes. La propagation de la langue arabe et de l'écriture et l'économie en grands espaces favorisaient l'intégration du monde arabe. La liberté de circulation, le soulagement de la mobilité et de l'échange, l'épanouissement de la science et de la culture dans un grand cadran géographique n'auraient pas été réalisables sans la politique intégrative et la culture de tolérance arabes.

Pour cela, il est incorrecte de considérer les conquêtes arabes comme une discontinuité ou même comme une rupture dans l''Histoire - comme elles sont présentées dans la littérature européenne.

Plus haut, nous avions présenté un résumé de l'Histoire de la Syrie. Si quelqu'un posait l'Histoire de la Syrie dans une synopsis avec l'Histoire d'autres peuples de l'empire arabo-islamique, on serait étonné de trouver des points communs jusqu'à l'unité du partage des époques.

Nous mentionnons quelques idées-forces sociétales et étatiques :
« Ma'at » de la vieille Egypte correspond à « 'Adl » dans le Califat,
« Nous » de la gnostique est identique à « 'Aql »
« Ma'at »est identique à Justice, Egalité et Harmonie,
« 'Aql » correspond à Raison.

Sur la continuité de l'Histoire de religions et philosophique et les différences dogmatiques – de la vieille Egypte, au Judaïsme, du Christianisme et de l'Islam, nous nous référons ici seulement sommairement.

Rome et Byzance ont, entre 31 avant C. jusqu'à 632 après C., exécuté de massives destructions et de sanglantes persécutions en Orient et en Afrique du Nord. L'unité n'a pourtant pas été perdue par la longue domination étrangère, mais elle en souffrait beaucoup. Par les conquêtes arabes, elle a été complètement rétablie.

Selon ma vue, le Califat (632-1259) est dans la tradition du Vieux, Moyen et du Nouvel empire. Des différences en détail n'en sont pas abrogées, toutefois ceux-là ne doivent pas être utilisés pour détourner de la continuité.

Les conquêtes arabes (634-750) se distinguent par le fait, qu'elles ne faisaient la guerre dans aucun cas, contre la population indigène, mais renversaient uniquement une exploitante domination étrangère sur un peuple.

L'époque des Califes du droit (634-660)
Les conquêtes arabes ont commencé sous 'Omar I. (634-644). Le mot arabe pour « conquêtes » est « fath », en français « ouverture », ce qui est exactement ce que l'acte décrit. Des pays et des peuples qui ont été séparés par force et par des frontières sévères, instaurées par l'imperium romanum vont, dans l'avenir, s'ouvrir mutuellement.

Les Omayyades (660-750), avec résidence à Damas :
Les Omayyades sont les premiers dans l'Histoire mondiale qui ont planifié et organisé l'économie en grands espaces. L'infrastructure a été établie et aménagée. L'échange interarabe florissait. La sécurité sur les grandes routes favorisait le commerce mondial. Les peuples vivaient dans une longue époque de paix et du bien-être. Ce sont ces faits qui expliquent la très longue stabilité des conditions politiques et économiques dans l'Histoire arabe. Il y avait aussi des insurrections contre le pouvoir central. Il est toutefois remarquable, que les mouvements résurrectionnels se dirigeaient principalement contre les augmentations d'impôts et ne voulaient pas ébranler l'unité de l'empire arabe.

Les Abbasides (750-1258) :
Les Abbasides sont venus au pouvoir par une large alliance, en tant que successeurs de la dynastie des Omayyades.

Immédiatement après leur prise de pouvoirs, les Abbasides ont stoppé l'expansion et commençaient à conclure des traités de paix avec tous les Etats et peuples. Sous les Omayyades régnait véritablement la paix mondiale. Elle a été rompue par les Européens qui ont fait la mobilisation pour les croisades. Leurs guerres continuent jusqu'à aujourd'hui.

Retour au temps de régence des Abbasides : Beaucoup de peuples, p.ex. les Egyptiens, auraient été à même d'imposer leur indépendance, car ni la langue arabe ni l'Islam avaient, à cette époque-là, une expansion remarquable. Au lieu de l'indépendance, les rebelles soutenaient une autre dynastie, celle des Abbasides et l'ont aidée à la prise du pouvoir. Il est très claire que l'unité était bien plus important pour les peuples dans l'empire arabo-islamique que l'indépendance ou même le séparatisme. L'unité était nécessaire pour le commerce mondial, pour les voyages, pour l'échange humain, culturel, scientifique et de la marchandise. Nous apprenons souvent d'insurrections, mais très rarement, ou même pas du tout, de mouvements séparatistes dans l'Histoire arabe. La normalisation qui, selon l'Europe est souvent due à l'islamisation et à l'arabisation par contrainte, est non-historique. Juste est que déjà en 640, l'Administration d' Amru b. al-As s'obligeait, par contrat, envers le chrétien-nubien roi (»monophystique ») à une durable et paisible coexistence. Selon ce contrat (appelé dans le texte nubien « pacte «) devait aucune armée arabe avancer plus loin dans l'Afrique. Ce pacte a été tenu jusqu'à ce jour - plus que 1370 ans. Une grande partie des Etats africains est aujourd'hui islamique, sans que jamais une armée arabe arrivait dans ces Etats. L'Asie est similaire. P.ex. l'Indonésie, dont la majorité de la population est musulmane, aucune armée musulmane n'a jamais marché sur son terrain.
C'était justement l'appui des peuples qui se soulevaient dans les pays conquis, qui ont rendu possible la prise du pouvoir par les Abbasides. Ils ont gouverné continuellement pendant plus de 500 ans (750-1258), une durée de régence rarement atteinte ailleurs. Cette relative longue et paisible époque est due à beaucoup de facteurs, mais en particulier au principe de justice 'Adl (Ma'at). Il est claire que la régence des Abbasides était accompagnée de révoltes qui amenaient jusqu'à la constitution de gouvernements autonomes – avec l'Egypte sous les Tulumides (869). Mais même ces Etats autonomes soignaient l'unité de l'empire arabo-islamique. Cela, ils ne l'ont pas fait par une mystification de l'unité, mais que l'unité est préférable sous tous les points de vue au séparatisme.

D'autres mouvements rebelles, p.ex. les Quarmates (900-1100), avaient un effet d'une dynamique constructive. Par la real-utopie des Quarmates, les Abbasides étaient défiés de réaliser plus crédible le principe de justice. Chaque modèle de régence concurrençait avec l'autre pour l'application de l'Adala. Plusieurs dynasties autonomes et Administrations se sont formées dans le courant des siècles ; elles ont, en règle, reconnu la souveraineté du Califat et observé l'unité. Cela se passait également dans les temps où p.ex. les Abbasides n'étaient pas à même de défendre militairement l'unité de l'imperium.

Le Califat calculé de 632 à 1258 avait une stabilité de bien plus que 600 ans. Dans sa relative homogénéité, c'est une des plus longues époques de l'Histoire de l'humanité. Ce succès est dû aux facteurs stabilisants du système politique de société : Justice et Tolérance.
Le Califat est aussi le temps de la plus grande propagation de la langue arabe. L'arabisation et l'islamisation par contrainte n'existaient pas, et si jamais, c'était une grande exception. Il y avait une culture de tolérance manifeste.

Les Tulumides (868-935)
Déjà en l'an 869, l'Egypte se rendait indépendante en tant qu'Etat autonome. Le pays au bord du Nil exerce à nouveau, depuis 30 avant C. (la fin de la régence de Kleopatra VII.) l'autonomie. Memphis est de nouveau la capitale. Sous les Tulumides des mesures progressives décisives sont prises. Des projets dans tous les domaines de l'approvisionnement et du progrès sont réalisés. Des hôpitaux sont construits et équipés de l'eau courante.

Les Ichshidides (935-969)
Le changement de pouvoirs aux Ichshidides est paisible. Le principal représentant de la dynastie est Kafur, qui était mentionné par al-Moutanabi qui avait dédié à Kafur un poème de louange. Lorsque Kafur voulait récompenser le poète, il s'est montré trop avare pour un roi. Pour cela al-Moutanabi se vengeait par un poème ignominieux. Avec cette mauvaise réputation injustifiée, Kafur est entré dans l'Histoire.

Les Fatimides (969-1171) :

Les successeurs des Ichshidides étaient les Fatimides. Au changement des 3 Dynasties, l'Etat a montré une grande continuité. Même sur le point de vue du personnel qui n'était pas échangé, ce qui est démontré à l'exemple du chancelier Ya'qoub b. Killis.
Aux Tulunides et Ichshidides suivaient les Fatimides, qui gouvernaient depuis 969, mais depuis Le Caire. Ils proclamaient un contre-Califat.
La Syrie se décide pour l'Etat des Quarmates, sans qu'il y avaient eu de rivalités entre la Syrie et l'Egypte.
Les Fatimides se comportaient d'une manière passive contre les agressions des croisées, une politique qui les a amenées à leur définitif renversement.

Les Ayyoubides (1171-1259)

L'Egypte a nommé le général syro-irakien Salah ed-Din. Les deux Etats, Syrie et Egypte s'unifient sous sa direction. L'Etat des Ayyoubides est proclamé. Il entre dans l'Histoire comme un système de la tolérance absolue et du progrès.
Sous les Ayyoubides les Etats agressés ont repris, avec détermination, leur combat de libération contre les agresseurs européens.

Les Mamelouk (1259-1517)

En l'an 1258, la régence des Ayyoubides prend fin. Avec leur déclin, prenait également fin l'institution du « Califat ». Consécutivement Sagarat ad-Dourr (1259) est proclamée comme «Sultane d'Egypte et Reine des Musulmans ». Cet évènement marque une tournure dans l'Histoire Arabe. Sagarat ed-Dourr qui sortait de la tradition des Ayyoubides, a retiré définitivement du Califat la légitimation de régence et a fondé l'ère des Mamelouk qui continuait la politique séculaire des sociétés d'Egypte et de Syrie. Cela ne faisait pas ternir la décision des Mamelouk de nommer les successeurs physiques des Abbasides au Caire, pour donner une légitimation à leur propre régence. Les successeurs agissaient comme des pseudo-Califs sans pouvoir réel. Les Mamelouk n'étaient pas d'une dynastie royale. Ils étaient plutôt des esclaves, comme leur nom le désigne, qui sont venus au pouvoir. Les successeurs des Abbasides devaient, de par leur descendance d'une famille de régents, donner aux Mamelouk la légitimation. Réellement, les Abbasides au Caire étaient pas plus que des pseudo-Califes.

Le Califat était déjà en 1258 à sa fin sans appel. Les Mamelouk continuaient les traditions de l'empire arabo-islamiques aussi sans Califat.
Sous les Mamelouk l'unité de la Syrie avec l'Egypte a été continuée.[7]
L'époque de l'empire arabo-islamique (632-1517) marquait toujours l'Histoire et la civilisation mondiales. Egalement par la suite, sous les Ottomanes, l'espace arabe avait gardé son identité et a fermement maintenu son sentiment d'union. La longue Histoire commune avait fait ses preuves non seulement dans la défense contre les Ottomanes, mais aussi plus tard, contre l'impérialisme européen.
La libération de l'impérialisme venait d'abord depuis l'Egypte, en tant que premier Etat indépendant, et a été portée dans les autres pays africains et asiatiques. Des mouvements de libération arabes et d'autres étaient appuyés par l'Egypte. Il est impressionnant de constater que dans le continent africain, les Etats pouvaient systématiquement, selon leur proximité géographique avec l'Egypte, reconquérir, tour à tour, et par une haute lutte à nouveau accéder à leur indépendance et souveraineté.
Si on met l'Histoire à long terme des Etats arabes et islamiques dans une synopsie, l'identité étroite des époques sautent aux yeux. Les points communs qui duraient pendant des époques ont amené à une uniformisation d'intérêts et à l'épanouissement de la culture. L'art, la musique, la science et la littérature pouvaient se développer dans les grands espaces et contribuer à la civilisation mondiale. C'est seulement dans les grands regroupements de pays pouvaient se stabiliser une intégrité économique et l'autarcie sur une longue durée. L'exploitation et la pauvreté pouvaient être évitées.

[7] Pour la suite de l'Histoire avec les Ottomanes, nous vous référons à nos explications plus haut dans « Résumé de l'Histoire à long terme de la Syrie ».

Qui sont les Arabes ?
C'est seulement maintenant après notre réflexion, se laissent nommer, d'une bonne conscience, les caractéristiques de l'unité historique et culturelle du monde arabe, car ils peuvent maintenant être mentionnées d'une manière claire et nette.
Autrement que des auteurs qui confondent les effets et les causes, nous voulons remettre les relations sur leurs pieds.
D'abord la Langue Arabe : Elle est la langue, qui est par mesure de superficie la plus propagée du monde. Depuis l'Atlantique à l'Ouest jusqu'à l'Est du Tigris et du Golfe Arabique, elle est l'unique medium de la communication. Aucun citoyen marocain est en Irak un étranger. Le terme « étranger » (egnabï) n'est appliqué dans aucun pays arabe sur d'autres Arabes. L'unité existe réellement, malgré le diktat de Sykes-Picot (16 Mai 1916) et malgré les frontières arbitraires tirées par l'impérialisme, qui malheureusement ne sont pas encore surmontées.

Les Religions et Confessions communes : Comme un 2ème élément unifiant est à nommer la religion. Il est avéré que les peuples arabes sont profondément religieux et font preuve de piété. La religion de la grande majorité est l'Islam. Le long oecuménisme de musulmans et des Arabes chrétiens a conduit à leur grand rapprochement. A côté de ces deux religions existent beaucoup d'autres.

L'Islam a mondialement une plus grande propagation que la langue arabe, par contre il ne se laisse pas séparer de l'Arabe. Pour cela, la culture arabe est beaucoup plus présente, à savoir, bien plus largement étendue qu'au-delà des Etats arabes définis par des frontières nationales. Entre ceux-là et leurs Etats voisins en Asie et en Afrique n'existe pas une frontière culturelle. L'Arabe est la plus répandue langue en Afrique. Elle est à côté de l'Ethiopien l'unique officiellement et académiquement utilisée langue écrite en Afrique. Pas seulement pour les sciences africaines, mais pour les sciences en général, l'Arabe est indispensable. Parce que l'Arabe était pendant plus d'un millénaire, - depuis le 7ème jusqu' au 18ème siècle - la principale, même en partie la seule langue de la science et de la philosophie sur tout le globe. Egalement, des scientifiques et philosophes non-Arabes se sont servis de la langue Arabe. Cet héritage a marqué considérablement et durablement la civilisation mondiale.

Devant ce « background », la question qui et quoi est « Arabe » est à répondre plus facilement : »Arabe » est une identité culturelle qui a grandie historiquement. Les peuples Arabes se sont fusionnés par une commune histoire, culture, langue et religion(s). Ils sont liés entre eux par la réalité du présent. L'Arabe n'est pas une culture fermée, mais ouverte dans le plus vaste sens. Tout le monde qui se sent appartenant sont des Arabes, qu'ils soient dans les Etats qui se définissent expressément en tant qu'Arabes ou bien en dehors de cette région mondiale, p.ex. en Afrique ou en Asie.

La langue arabe, des orientations communes, le partage de joies et de peines et d'autres points communs ne sont en vérité pas les causes, mais les effets d'une conscience historique d'un sentiment d'union.

Ces aspects mentionnés sont ensemble seulement un côté. Il y a un autre, une autre face non moins importante. Qu'est-ce qui est l'autre côté. L'autre aspect de la dimension « arabe » ? Les Arabes ne se comprennent pas comme une propre ethnie. Ils ne se délimitent pas contre d'autres hommes autour du globe. Dèjà sous les Abbasides, il y a plus que 1000 ans, était la persique as-Su'übiya, c.à-d. l'Ethnocentrisme véhément critiqué. Le prochain, c'est le plus loin. Le plus étranger est chez nous à la maison, comme les propres parents, les frères et sœurs, les enfants. Celui qui comprend les Arabes dans le sens ethnique n'a rien compris. Les Arabes et les femmes arabes se sentent égaux et à égalité de traitement avec tous le autres peuples et cultures du monde. Les deux côtés ensemble perfectionnent la définition, de ce qu'est « arabe ».

Ce que qui soient les Arabes et leur identité soit, sont des questions auxquelles les réponses se laissent maintenant donner plus facilement. Etre un Arabe n'est plus une question ethnique. La Société
arabe est une réalité qui a historiquement grandie.
Le monde arabe était depuis toujours une société multiculturelle dans laquelle tous les hommes en égaux peuvent vivre ensemble, en dépit de la couleur de la peau et de l'appartenance religieuse. La Syrie y est, au niveau mondial, le meilleur exemple.
Il n'y a pas une race arabe. Et si jamais, il y aurait une race, elle serait la seule, celle de l'humanité entière.

Les interventions de l'impérialisme qui actuellement ont lieu dans beaucoup de régions du monde, dérangeaient l'humanisme et l'universalisme pas seulement dans la région arabe, mais partout dans le monde. La région arabe a été dérangée sensiblement. La grande richesse de la région n'a plus été utilisée et renouvelée pour le bien de tous, mais sont devenus le privilège de quelques peu d'oligarchies, qui collaborent pleinement avec l'impérialisme. Le pauvre arrière-pays a été séparé des riches sources. Des opinions inverses se sont développées, Des contradictions de classes déterminent les relations entre les masses appauvries et les hyper-privilégiés oligarchies.

L'impérialisme vit du principe de *divide et impera.*
Il découpe des communautés et groupements populaires.
Il divise des unités appartenant ensemble.
Il est biophobique et nécrophile.

Par contre, la culture arabe rappelle à l'unité de tous les peuples et non seulement des Arabes. L'humanité est arrivée au monde par un seul groupe. C'est seulement dans son unité, sans distinction et sans oppression que l'humanisme est possible. La liberté, l'égalité et la justice sont des valeurs indispensables. Le militarisme, l'armement et la guerre doivent être proscrits pour toujours. Le chemin amène seulement par le démantèlement de l'impérialisme et l'établissement de la paix mondiale.
Pour l'impérialisme la paix est plus dangereuse que la guerre.

Avec tout cela, les masses oppressées et exploitées ont sauvegardé leur humanité. Elles luttent pour leur propre liberté et pour la paix du monde.
L'impérialisme et les oligarchies se montrent incorrigibles.
Mais nous espérons que finalement le bien sera triomphant sur le mal.
Le printemps arabe s'épanouie pas en liberté. Des développements dans l'Histoire ne sont jamais rectilignes. Sur la révolution suit la contre-révolution.

Que possèdent donc les démunies ? Certainement un codex d'éthique et de morale qui a grandi pendant les époques historiques ce qui est justement ce que l'impérialisme ne peut pas offrir. Les hommes démunis, les pauvres et les mépris sont donc plus riches. Qu'ils soient victorieux par leur force morale et par l'épanouissement de leur potentiel latent.
La réalité présente de la division et le séparatisme doit être surmontée.

La revendication est maintenant de reconstruire la communauté humanistique.

Il est à nous, les hommes de bonne volonté dans tout le monde que nous ne laissons pas notre planète aux destructeurs, mais que nous la sauvegardons avec nos forces unifiées. Les éléments unissant de la Solidarité, la Fermeté et l'Unité se trouvent devant un tournant historique. Fortifiés par la conviction que la justice est supérieure par rapport à l'injustice, nous continuons à combattre pour la sauvegarde de la création pour que les générations après nous trouvent un monde dans lequel ils pourront vivre en dignité et bien-être.
Que nos descendants puissent recevoir sur le sol de l'universalisme, de l'humanisme et de l'unité, un héritage, transmis dans l'état non corrompu, et qui leur donne la possibilité de vivre une vie digne des humains.

Karam Khella

Résumé de l'Histoire de la Syrie

3.-2. Siècle a.C. - L' Aram comprend la région entre le LIBAN et le Tigris, l'Anatolie, au-delà de l'Euphrate et jus'quà l'Arabie. Elle est en relation très amicale avec l'Egypte. Egalement la Chîpre appartenait à Aram, où l'on découvre encore aujourd'hui beaucoup d'objets araméens.
Depuis l'Arabie s'effectue une forte migration Sud-Nord.

539 a.C. La Syrie, l'actuelle Aram, tombe sous la domination des Achaïménides persiques.

539-333 Aram sous la domination des Achaïménides.

333 a.C. Libération de la Syrie et d'autres pays occupés de la domination impérialistique des Achaïménides par la campagne d'Alexandre le Grand.

323 a.C. Mort d'Alexandre le Grand. Ses successeurs sont les Diadochen. Les Ptoléméens gouvernent en Egypte, les Séleukides en Syrie. Les Séleukides construisent Séleukia, commme capitale de Syrie.

323-312 La Syrie sous la régence des Séleukides.

312 Déjà en l'an 312 a.C., la Syrie a été intégrée dans l'empire arabe sous les puissants Nabatéens. Les Séleukides ont été poussés vers l'Est.
Des essais répétés de Rome, pour occuper la Syrie, sont repoussés.

4ème siècle a.C. jusqu'au 2ème siècle après C. L'Etat nabatéen comprend la Syrie, la Jordanie et l'Arabie. Il est la vraie super-puissance de l'époque.
A l'inverse de Rome, Nabatia était une puissance de paix, forte et invincible.

34 après C. A Damas a eu lieu la conversion de Saulus à Paulus. (Apg., Châpitre 9).

49-64 L'Apôtre Paulus choisit Damas comme siège pour son activité apostolique. Depuis içi, il écrit les épîtres, desquelles seulement une partie est sauvegardée et incluse dans le Nouveau Testament (NT).

66	Les Romains occupent la Palestine. A cause de leurs cruelles persécutions, les chrétiens se sont réfugiés vers la Syrie, la Jordanie, l'Arabie et l'Irak.
3ème siècle	Le royaume de Tadmor (Palmyre). Stabilisation de l'indépendance et de la souverainité de la Syrie.
333-634	L'insertion de la Syrie dans l'empire de Byzance.
451	La Synode de Chalkédon. Les églises de Rome et de Byzance décident le dualisme comme dogme écclésiastique. L'Egypte et la Syrie se révoltent et préservent le principe de « l'unité ». Les Koptes et les Syriens subissent une forte persécution. C'est seulement en l'an 634, lors des conquêtes arabes (Syrie) et en 640 (Egypte) que les répressions par Byzance, Rome et l'église de l'empire cessaient.
569	Naissance de Mohammed, le fondateur de l'Islam, à La Mecque, et il se
610	présente comme un prophète au public à La Mecque.
622	Higra, la migration de Mohammed avec ses compagnons de La Mecque à La Médine, pour s'enfuir de la persécutioon par les Quaraisites. Début de l'ère musulmane selon le Calendrier de la lune (622 après C. = l'an 0 Higri).
622-660	Régence des premiers 4 califes. Ils gouvernaient depuis La Médina. Seulement ces 4 Califes sont reconnus par les Sunnites et également par les Shiîtes. C'est pour cela ils sont appelés aussi les « Califes de concède ».
634	Libération de la Syrie de la domination byzantine.
660-750	Le Califat de Damas. Les Omayyades transfèrent la capitale de l'empire arabo-islamique de La Médina à Damas. Sous les Omayyades, l'empire arabo-islamique s'expande et s'étends depuis la frontière chinoise et la vallée de Fergana jusqu'à Poitiers à la Loire en France.
685-705	Régence du Calif Abd al-Malik. Il fonde une Réforme de l'Administration ainsi qu'une Réforme de la Langue.
670-754	Johannes de Damas (Yuhanna ad-Dimashqi), né entre 650 et 670, est mort en 754. En l'an 700, le Calif Yazid II l'avait nommé comme Ministre des Finances de l'empire. Après des années d'activités de mérites, il se décida à l'ascèse. Il se décida de démissionner de son mandat d'Etat et devena un moine dans le monastère Mar Saba près de Bait al-Maqdis, (Jerusalem) en Palestine. Il rédigait ses œuvres en Arabe,

sa langue maternelle. Elles étaient traduites en beaucoup de langues, commencées par le grec. Son œuvre principale, la « Source de la Connaissance » est une explication fondamentale de la croyance chrétienne. En outre, il rédigait des homélies, des méditations, des hymnes et des écritures ascéthiques. Johannes Damaskinos est un important Père de l'Eglise Orthodoxe. Ses œuvres étaient très tôt traduites en Latin et ont influencées fortement Albertus Magnus et Thomas Aquinus. Elles ont joué un rôle déterminant dans la constitution de la théologie européenne.
La journée commomérative est le 4 Décembre.

750-1158 Le Califat de Bagdad. Les Abbasides transfèrent la capitale de l'empire à Bagdad (sa construction est achevée par Mansur, en 754). Seule une branche des Omayyades refusèrent d'accepter la domination des Abbasides. Les Omayyades continuèrent leur régence depuis la Péninsule ibérique. Ils gouvernent sur al-Andalouse et le Maghreb. Les Abbasides ont accepté leur sécession.

868-935 Les Tulunides

935-969 Les Ichshidides

969-1171 Les Fatimides

Depuis 970 Effet prouvé de l'Ihwan as-Safa', des Gouvernants de probité

10ème jusqu'au 14ème siècles: L'ère des Qarmates. En Syrie ils ont érigé des centres de formation.

1096-1292 Aggressions des croisées contre la Syrie et contre l'Arabie de l'Est et plus tard contre l'Egypte.

1258 Les Mongoles occupent Bagdad.
632 a été fondé le Califat à La Médina. Sa fin était en 1258. Plus de 600 ans existait une Histoire commune des peuples arabes.

1171-1259 Régence des Ayyoubides. La Syrie et l'Egypte s'unissent pour combattre ensemble contre les croisées jusqu'à la victoire contre les agresseurs européens.

1259-1517 Sous la régence des Mamelouks, les derniers croisées sont chassées définitivement du territoire arabe. La lère époque des Mamelouks avait apporté une apogée de la littérature et de la culture. Dans leur époque ont été écrit, en Egypte, les Histoires de Mille et une Nuits.

1292 Les derniers croisées quittent l'Est Arabique.

1517-1917 La suite commune de l'Histoire arabe continue malgré la, domination ottomane.

1516 Damas est occupée par les Ottomanes, en

1517 Le Caire, en

1518 al-Maghreb et l'Afrique du Nord.

1516-1917 La Syrie sous la domination ottomane jusqu'à l'interval :

1831-1841 Etat arabe unifié avec Muhammed Ali, en tant que chef de l'Etat. Les médias européennes mettent en scène une soidisante « crise orientale ».

1901 Confirmation au Congrès juif de Bâle.

16.05.1916 Traité de Sykes-Picot.

1917 Insurrection arabe générale contre les Ottomanes avec fin de leur domination.

1919-1920 La Syrie déclare son indépendance et convoque le Congrès National Syrien Général. Le peuple syrien entier est représenté. Il siège sous la participation internationale.

1919-1920 Temps d'activités du Congrès National Syrien général (ASN) du 03.06.1918 – 19.07.1920

1920 La France bombarde la Syrie. Avec l'appui de l'armée de l'air anglaise, la RAF, de grandes parties de la Syrie sont transformées en terre brûlée. Les insurgés se retirent à Maysalloum pour continuer leur combat depuis-là. La France fait aux Syriens un carnage. Le massacre de Maysalloum termine le soulèvement auquel des masses d'hommes devaient mourir.

1946 La Syrie obtient de haute lutte l'indépendance et proclame la République syrienne.

1958-1961 La Syrie et l'Egypte s'unissent en la République Arabe Unie (RAU) sous le commun Président Gamal'Abd an-Nasir. Successeurs de la RAU sont la République arabe syrienne et la République arabe d'Egypte

1963 Le Partie El-Baath fait l'entrée au Gouvernement.

1967 Israel agresse la Syrie, la Jordanie, l'Egypte et la Palestine et occupe les hauteurs du Golan syrien. Depuis-là,
elle menace une grande partie de la Syrie. Par son contrôle sur les source de l'eau du Golan, elle cause en Syrie une pénurie en eau. La ville de Kuneitra est rasée à terre par Israel.

17.07.2000 Bashar al-Assad succède à son père après sa mort.
Réélection en 2007 pour d'autres 7 ans.

Mars 2011	Début des troubles en Syrie.
	Depuis Mars 2011, les Etats impérialistes conduisent des sabotages subversifs et une guerre terroriste contre le peuple syrien. Par l'interventionnisme, la guerre contre le peuple syrien et son Etat est entreprise depuis l'intérieur de la Syrie.
2012	La plupart du peuple syrien s'unit contre l'impérialisme et l'interventionnisme.
	Les peuples voisins de la Syrie se solidarisent avec la Syrie.
	Nous observons avec confiance le procès deréstabilisation en Syrie et dans la région arabe.

Dans le courant du 20ème siècle, des pouvoirs impérialistes ont découpé des territoires syriens de la nation syrienne et les on distribués sur des pays voisins pro-impérialistes. De cette distribution profitaient particulièrement Israel et la Turquie. L'annexion par Israel de territoires syriens, les hauteurs du Golan, continue contre tous les droits des peuples.
La région d'Iskenderoune, avec la capitale syrienne antique d'Antioche, a été annexée par la Turquie. La prétention du droit de la Syrie sur cette région n'est pas déchue; le Tribunale International n'a pas encore pris une décision, à cause de l'obstructionnisme délibéré des Etats-Unis.
C'est pour ces raisons que nous voyons sur la carte l'Etat national de la Syrie, avec sa capitale de Damas, réduit par les régions mentionnées ci-dessus.